ニュースの“なぜ？”は
世界史に学べ

日本人が知らない１００の疑問

【大活字版】

茂木 誠

はじめに

2015年9月、賛成・反対の議論が渦巻く中、安保関連法案が可決、成立しました。新聞やテレビのニュースで大きく取り上げられていたので、興味や不安をもって見ていた人も多いかもしれません。

しかし、次の問いに答えることができる人は、どれだけいるでしょうか？

「この安保法案によって『何がどう変わったのか？』」

国会を取り囲んで「戦争法案反対」を叫ぶデモ活動や、国会内での「乱闘可決」の模様など、日々何が起きているかはテレビや新聞がセンセーショナルに報道します。

しかし、それが「なぜ？」「どうして？」起きているかという背景は理解できないままではないでしょうか？

では、次の問いはどうでしょう？　あなたは答えられますか……

・ＴＰＰの締結で何が変わるのか？
・ＩＳ（イスラム国）が台頭した原因は何か？
・中国が海洋進出を急ぐ理由は？

いかがでしょう？　ニュース番組や新聞をなんとなく見ているだけでは、ニュースの「本質」をつかむことはできません。時間や紙面の制約という問題だけでなく、学校教育では国際情勢を理解するための「世界の常識」をきちんと教えないからです。

「アメリカの二大政党である、共和党と民主党はどう違うのか？」
「イスラム教の二大宗派、スンナ派とシーア派は何が違うのか？」

こういった「世界の常識」を知っておくと国際ニュースの「本質」が見えてきます。

日本人が安保法制のドタバタ劇に目を奪われている間も、世界は大きく変化しています。アメリカ主導で動いてきた世界が、大きな転換期を迎えているのです。

世界のリーダーとして君臨してきたアメリカのプレゼンスが低下する一方、代わりに中国が勢力を拡大しています。ＩＳのようなテロ組織が台頭し、中東は一層混沌とした状態に陥っています。ＥＵもまた、ギリシア財政問題、難民問題、ウクライナ問題、パリの同時テロ事件に揺れています。

さらに世界中で貧富の格差の拡大が進行し、富の不均衡に対する不満が渦巻いています。この点に注目すれば、ギリシア危機も、シリア難民問題も、中国の不安定化も、ＴＰＰ問題も、本質的には同じ現象であることが理解できるはずです。グローバル社会に組み込まれている日本ももちろん無関係ではありません。

今こそ、日本人は世界のニュースに目を向けなければならないのです。

本書は、一般の方々が国際ニュースを見て、疑問に思うであろう１００のポイントを取り上げ、世界史とからめて解説するアプローチをとりました。歴史の成り立ちから学ぶことで、国際ニュースの「本質」を読み解くことができると思います。

本書をきっかけに多くの日本人が、「世界の今」に興味をもってもらえれば、これほどうれしいことはありません。

はじめに

第1章 ヨーロッパの憂鬱――ウクライナ問題と難民問題

第2章 台頭するイスラム過激派と宗教戦争

第3章 アメリカのグローバリズムと中国の野望

おわりに

第1章

ヨーロッパの憂鬱——ウクライナ問題と難民問題

Q1　ウクライナ紛争の原因は何か？

２０１４年3月、ヨーロッパの東端を舞台に大事件が発生しました。ウクライナの南部に位置するクリミア半島を、ロシアが領土として編入したのです。

ロシアがクリミア問題に軍事介入して以来、それを看過できないアメリカやＥＵ（欧州連合）が経済制裁を発動して対抗するなど、ロシアと欧米との関係は冷戦終結以来、最悪になっています。

そんな中、２０１４年7月、ウクライナ東部を飛行していたマレーシア航空の旅客機が撃墜され、３００名近い乗員・乗客が死亡するという悲劇も起こりました。誰が、どんな理由で撃墜したのか、真相はいまだに藪の中です。

なぜ、ウクライナ紛争は勃発したのでしょうか。

最大の要因は、ウクライナの位置する場所にあります。

「これまでの世界を振り返ってみると、主な紛争は、**異なる文明圏の『境目』**で起きてきた」と論じたのが、アメリカの国際政治学者サミュエル・Ｐ・ハンティントンの

『文明の衝突』という名著です。

たとえば、欧米の「キリスト教文明」とアラブの「イスラム文明」が接する境目で紛争が起きてきました。古くは十字軍にさかのぼり、現代の湾岸戦争やイラク戦争も、まさにキリスト教文明とイスラム文明の対決のように見えます。

また、隣国同士であるインドとパキスタンは3度にわたる印パ戦争を繰り返し、現在も対立していますが、これは「イスラム文明」と「インド（ヒンドゥー）文明」のぶつかり合いによるものです。あるいは、中国が抱える新疆ウイグル自治区の民族問題も、「中華（中国）文明」と「イスラム文明」という異なる文化圏のぶつかり合いが背景にあります。

このように考えると、ウクライナ問題がなぜ起きたか理解できるでしょう。ウクライナも2つの文明圏のちょうど「境目」に位置しています。すなわち「西ヨーロッパ文明」と「ロシア文明」の対立の構図が存在するのです。

「えっ、ロシアってヨーロッパの一部じゃないの？」

と思う人もいるかもしれません。しかし、世界史の観点からいえば、ロシア文明はヨーロッパ文明とは一線を画しています。

その理由について、ヨーロッパの成り立ちを少し掘り下げて考えてみましょう。

Q2 「ヨーロッパ」は、いつ生まれたのか？

ヨーロッパが生まれたのは、古代ローマ帝国が崩壊したあとです。ローマ帝国の領土は広大でした。イタリアを中心として、東はトルコやシリアなど中東諸国、南は地中海に面した北アフリカ諸国、北はアルプス山脈を越えてカエサル（シーザー）が遠征を行い、フランスとイギリス南部にまで勢力を拡大しました。西ヨーロッパと北アフリカの全域を支配下に置いたのです。

そのためヨーロッパ人もいれば、北アフリカの人もいる、という大変な多民族国家でした。また、ローマ帝国時代の宗教は多宗教だったので、特定の宗教を押しつけることもなく、オープンな国としてなんとか成り立っていました。

ところが領土を広げすぎると、大きな問題が起きます。

領土を維持するための軍事費がかさみ、それをまかなうために増税を繰り返すという問題です。この結果、経済活動自体が収縮し、税収は減少、軍事費を維持できなくなりました。そして各地の反乱や異民族の侵入に対処できなくなり、ローマ帝国全体が疲弊し、崩壊への道をたどることとなったのです。

広大な領土を支配するあらゆる帝国は、ローマ帝国と同じ運命をたどることになります。現在のアメリカも、まさに衰退期に入ったということができるでしょう。

ヨーロッパに最初に侵入してきたのは、アルプスの北に住んでいたゲルマン人。いわゆる**民族大移動**ですね。その後、ゲルマン人同士の抗争の末に、**フランク王国**が西ヨーロッパを統合しました。9世紀、日本では平安京に遷都した頃です。このフランク王国が採用したのが、西方キリスト教のローマ・カトリック教会とラテン文字（ローマ字）でした。

フランク王国はまもなく仏・独・伊の3国に分裂し、西ヨーロッパの統合は失われます。特に独・仏間では戦争が繰り返され、2つの世界大戦の要因にもなりました。

この反省をふまえて、第二次大戦後に西欧を再統合しようとした試みが、ＥＣ（欧州共同体）であり、現在のＥＵです。**統一ヨーロッパとは、20世紀に復活したフランク王国**なのです。

ゲルマン人の次に侵入してきたのが、アラブ人です。ローマ帝国の東側と南側、シリア・エジプトあたりから北アフリカを西進してモロッコ、さらにイベリア半島（スペイン）を征服し、フランク王国諸国を南から脅かします。この結果、「地中海」がヨーロッパ文明とアラブ（イスラム）文明を分ける「境目」になったのです。

ローマ帝国は5分の1程度まで領土の縮小を余儀なくされますが、現在のギリシアを中心に生き残ります。これを**東ローマ帝国**あるいは**ビザンツ帝国**といいますが、このビザンツ帝国が採用したのが、キリスト教の東方正教会とギリシア文字です。

こうしてフランク王国が西ヨーロッパ諸国、ビザンツ帝国が東ヨーロッパ諸国の原型となりました。ロシアもギリシアも東方正教会を採用し、西欧文明とは別の道を歩むことになるのです。

Q3 ユダヤ人はなぜヨーロッパで迫害されたのか？

ヨーロッパの問題を理解するには、キリスト教の基本的な考え方を理解しておく必要があります。

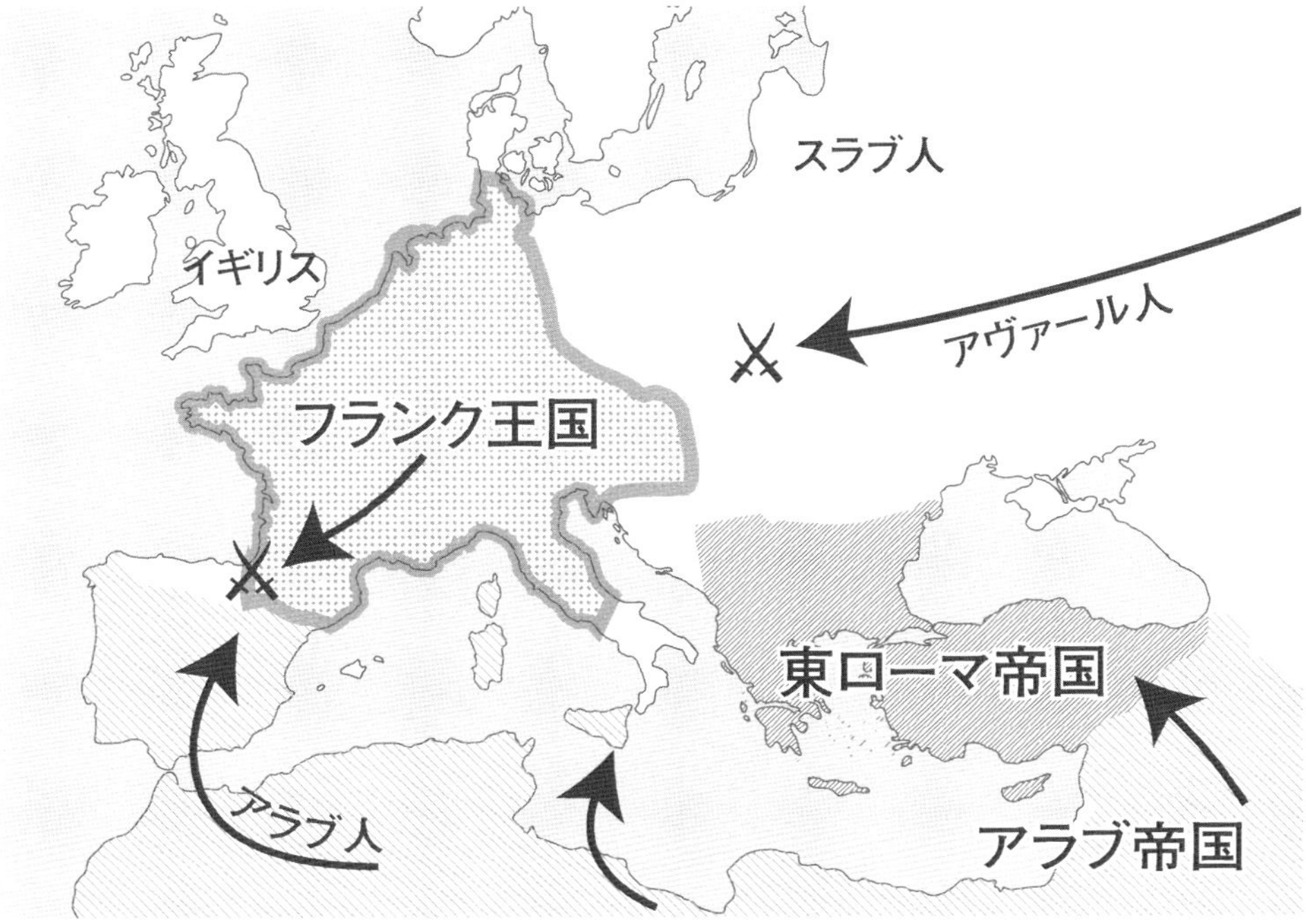

9世紀のヨーロッパ

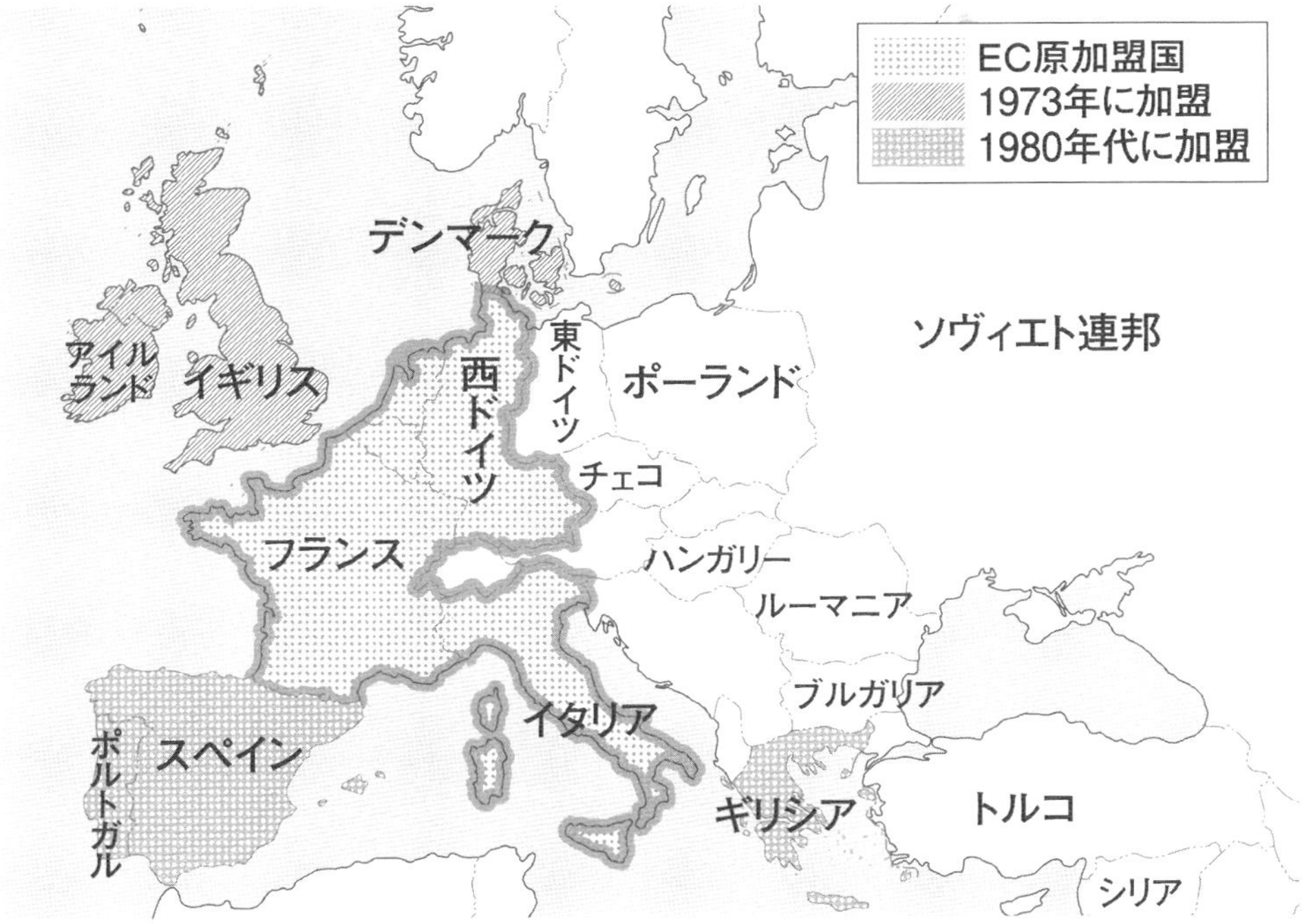

20世紀後半のヨーロッパ

簡単に言えば、キリスト教とイスラム教は、どちらもユダヤ教から分かれた宗教です。キリスト教を知るには、ユダヤ教を知らなければなりません。

ユダヤ教の教典といえば、**『旧約聖書』**ですが、この中に**「イサクの犠牲」**という話が出てきます。

ユダヤ人の先祖とされる**アブラハム**という年老いた羊飼いが主人公です。

アブラハム夫婦は、それまでなかなか男の子に恵まれませんでした。

「もう男の子はあきらめなければならない」と思っていたところ、唯一の神ヤハウェがお告げをした。

「アブラハム、おまえはきっと男の子を授かる」

アブラハムは半信半疑でしたが、本当に男の子が生まれました。

イサクと名づけたその男の子を、アブラハムは溺愛しました。そして神に感謝の気持ちを捧げるために、アブラハムは羊を焼いて、生贄《いけにえ》としました。

数年後、神がまたアブラハムにお告げを下しました。

「アブラハム、もう羊はいい。イサクを捧げなさい」

大事な息子を生贄にしろというのです。

するとアブラハムはイサクの手を引いて、羊を生贄にする台の上に載せ、イサクの頭の上から剣を振り下ろそうとしました。

　ところがその瞬間、天使があらわれて、こう言いました。

「アブラハム、わかった。もうよい。おまえの忠誠心は確かめられた」

『旧約聖書』は、アブラハムのこの行動を引き合いに出して、「人間とはこうあるべきだ」と讃《たた》えています。つまり、ユダヤ教とは**「親子の縁よりも神様への忠誠心が大事」**という宗教なのです。私たちの価値観とは大きく異なりますよね。

　このように「神が絶対」の厳しい宗教ですから、ユダヤ教には生活のあらゆることを定めた神の掟があります。これを「律法」といって、守らなければ人々は救われないとされています。

　たとえば、**安息日**の規定。安息日とは、「その日は一切の労働をしてはならない。ひたすら神に祈れ」という日です。ユダヤ教の場合は、土曜日が安息日と定められています。

　土曜日は労働することを禁じられていて、律法にそむいた者は死刑になります。「安息日に働くのは神への反逆だ」というわけです。

食べ物にも決まりがあって、「豚肉を食べてはいけない」というのもそのひとつ。イスラム教にも「豚肉を食べてはいけない」という決まりがありますが、もともとはユダヤ教の律法に由来しているのです。

ユダヤ教は、厳しすぎる律法のため、異民族には広がりませんでした。

ユダヤ人は歴史上、何度も迫害を受けて、土地を追われてきました。

ナチスのヒトラーによる迫害は有名ですが、それ以前にも、エジプトやバビロニア、ギリシア、ローマといった諸民族によって、何度も国を滅ぼされてきました。

それでもユダヤ人が滅びなかったのは、「律法を守った者は天国に導かれ、異教徒は地獄に落とされる。われわれは神によって選ばれた民である」という強い信念のたまものです。これを**「選民思想」**といいます。

だからユダヤ人は異民族と融和せず、独特の文化を保ってきました。しかし、このことが逆に、ユダヤ人が嫌われ、差別される理由にもなってきたのです。

Q4　キリスト教とユダヤ教が対立するのはなぜ？

キリスト教はユダヤ教の分派です。

ユダヤ人の大工の子として生まれたイエスが、しばらく砂漠に行って、戻ってきたら説教を始めました。

そこで衝撃的なことを言います。

「律法など意味がない」

何を食べてはいけないか、安息日の土曜日に休むか休まないか、そんなことはどうでもいい、と言い放ったのです。

イエスの言葉を喜んだのが、貧困層の人たちです。こっそりと土曜日に働く人もいれば、豚肉をやむを得ずに食べる人もいたからです。

律法を破ったからといって彼らは罪人なのでしょうか。

「そんなことはない。心の底から神を信ずれば救われる」とイエスは説きました。

律法という形式ではなく、信仰の心が大事――。

異民族でも、敵のローマ人であっても、信仰すれば救われるということになります。これこそキリスト教が世界宗教になった大きな要因といえるでしょう。

ユダヤ教の指導層は「律法を汚された」と憤り、イエスを告発しました。当時のユダヤは、ローマ帝国の支配下にあったので、「イエスは貧困層を集め、ローマへの反逆を煽り立てる危険人物だ」という罪状で告発したのです。

イエスは反逆罪で有罪とされ、磔《はりつけ》の刑に処されました。

ここで終わっていれば、イエスの教えは、ユダヤ教のちょっとした分派にすぎなかったのですが、このあと不思議なことが起こります。

「処刑されたイエスが甦った」という話が広まったのです。

イエスがゴルゴタの丘で処刑されたのは金曜日でした。翌日が土曜日で安息日です。これを避けて、葬式は日曜日に行うことにしたのです。

日曜日に葬式をしようと、家族が集まったら、仮埋葬の墓が開いていて、中は空っぽでした。

イエスが消えてしまったのです。

しかも、そのあと、イエスの弟子だった人たちから、目撃証言がたくさんもたらされました。「処刑されたあとのイエスに会って話をした」というのです。

「日曜日の朝にイエスは復活した」

「神自らが、人々を悔い改めさせるために、イエスの姿になって地上にあらわれたのだ」

こうして生まれたのがキリスト教です。


イエス自身はユダヤ教の改革者で、「私は、神だ」とはひと言も言っていません。ペテロやパウロといった弟子たちによって、神として祭り上げられたのです。

これに黙っていないのは、ユダヤ教徒です。ユダヤ教から見れば、律法を守ることは意味がないと説くイエスは裏切り者です。まして、人間であるイエスを「神」と呼ぶなど言語道断。

大工の息子であるイエスを神と認めるか認めないか――。これが、ユダヤ教とキリスト教の根本的な違いです。この一点において両者は絶対に相容れません。キリスト教徒とユダヤ教徒が対立する最大の理由なのです。

ユダヤ人は、「流浪の民」として有名です。イエスなきあと、ローマ帝国に対する2度の反乱を起こして失敗し、流浪の生活が始まりました。定住しなければ、農業もできませんし、生活も安定しない。土地や建物など不動産も所有できません。

だからユダヤ人は、金銀や宝石といった動産（不動産以外の財産）を積み上げるしかありませんでした。どこにいっても生計を立てられるように、やむなく「金貸し」になったのです。

ローマ帝国の崩壊後に生まれたヨーロッパ諸国がキリスト教を採用したため、キリスト教を認めないユダヤ教徒はますます孤立しました。

キリスト教徒から見れば、「よそ者のくせに、なぜ俺たちに合わせないんだ。しかも、金貸しで儲けているなんて、けしからん」となります。

こうした背景から、ユダヤ人はヨーロッパでたびたび迫害されてきたのです。

Q5 イエスは、神なのか？

疑問は残ります。イエスの母親はマリアという人間の女性で、彼女のお腹から出てきたのがイエスです。人間が神を産んだのか？　キリスト教徒にとって、その点を突っ込まれることが、いちばん苦しいのです。

そこで、あとになって、さまざまな理由付けがされました。

採用されたのは、「マリアのお腹に神が宿り、その中で神が人の姿になって生まれてきた」という説。全宇宙を支配している神が、小さくなってマリアのお腹に入ったのだ、と説明したのです。

正統派のキリスト教徒は、ヤハウェのことを「父」、イエスを「子」とし、マリアのお腹にイエスを宿らせた神の力を「聖霊」といいます。

「父なる神」と「子なるイエス」、そしてマリアに宿った「聖霊」——。

これを**「三位一体《さんみいったい》」**といいますが、このように解釈しないと、キリスト教はイエスの存在を説明しきれないのです。

ただ、初期のキリスト教徒の中には、「三位一体説は無理があるのではないか。神はヤハウェだけでイエスは人間だったのでは」と主張するグループもいました。

逆に、「イエスが肉体を持ったというのが間違いで、イエスは100％神であった」というグループもいました。

このようにキリスト教が誕生した当初は、さまざまな解釈をするグループが存在しましたが、三位一体を認めないグループは、「異端である」として、すべて弾圧されることとなりました。

Q6 キリスト教は、イスラム教となぜ対立するのか？

キリスト教とイスラム教は、兄弟のような関係です。

イスラム教の教えは、ユダヤ教に近く、「律法」が存在します。「最後の預言者」であるムハンマドが伝えた神の言葉『コーラン』の戒律を守った者だけが、救済されるという教えです。

ユダヤ教の場合の「律法」は、『旧約聖書』に書いてある日常生活の決まりごと。モーセなどユダヤ人の預言者たちが言い伝えてきたものです。

ところが、イスラム教は、『旧約聖書』ができたあとも、預言者は何人も存在したという立場です。「イエスも預言者のひとりである」と考えます。

モーセが語った神の言葉は『旧約聖書』に、イエスが語った神の言葉は『新約聖書』にまとめられた。しかし、神はまだ語り終えてはいなかった。最後に選んだ預言者がアラブ人のムハンマドであり、ムハンマドが語った神の言葉をまとめたのが『コーラン』である。イスラム教徒はこう考えるのです。

ユダヤ教　ユダヤ人の民族宗教

キリスト教　民族を問わない世界宗教

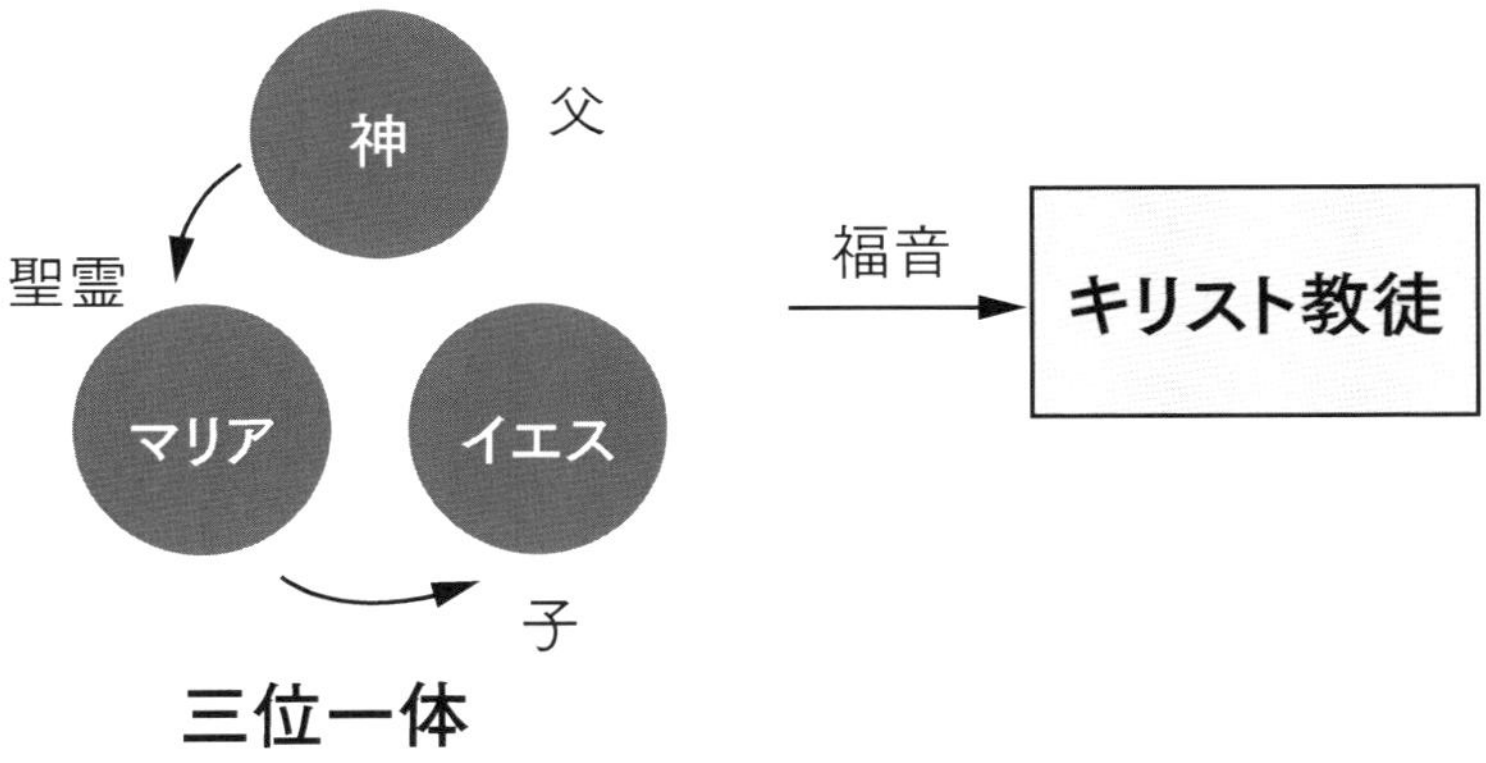

イスラム教　民族を問わない世界宗教

したがって、イスラム教は、イエスを完全否定することはありません。「イエスは立派な預言者だった」と考えています。ですから、イスラム教徒は『コーラン』だけでなく、『旧約聖書』も『新約聖書』も重んじます。しかし、ヤハウェが唯一絶対の神ですから、「イエスを神と呼ぶのはおかしい」というわけです。

イスラム教徒は、ユダヤ教徒やキリスト教徒のことを仲間だと思っています。ただ「いずれも不完全な教えであって、肝心なことがわかっていない。最後の預言者であるムハンマドが伝えた啓示をなぜ聞かないのか」という考え方なのです。

親戚関係ほど揉めるとやっかいだといいますが、宗教も同じです。イスラム教と仏教のように世界観がまるで違う宗教では、議論がそもそもかみ合いません。まったく違う思想なので、ケンカのしようがないのです。

ところが、イスラム教とキリスト教のように、もともと近い宗教が途中から異なる道を歩んだ場合には、近親憎悪が激しくなり、お互いを憎み合ってしまう。似ているからこそ、激しく対立するのです。

イスラム教とキリスト教が、どうしても相容れない部分がもうひとつあります。ユダヤ教とイスラム教は、「神はあまりにも偉大であるから、人間ごときが神の姿を絵や彫刻にすることはできない」と厳しく規定しています。

これを**偶像禁止**といいます。

これに対してキリスト教は、イエスやマリアだけでなく、弟子のペテロやパウロの像も描かれます。偶像に対してゆるい。「偶像を認めるかどうか」も、キリスト教とユダヤ教・イスラム教が対立する原因のひとつといえます。

2005年にはデンマークで、2014年にはフランスで、**預言者ムハンマドの風刺画**を掲載した新聞社が、イスラム教徒の激しい反発を招きました。2015年には、風刺画を掲載したパリのシャルリー・エブド社をイスラム過激派が襲撃し、編集者・記者ら数名を殺害するという陰惨な事件に発展しています。

預言者の風刺は論外であるうえに、その肖像を描くこと自体がタブーなのです。欧米人はこのようなイスラムの文化について、あまりに無神経であると思います。

Q7 ローマ教皇が偉いのはなぜか？

2013年、ローマ・カトリック教会の最高指導者であるローマ教皇（法王）の選挙で、初のアメリカ大陸出身者が選出されました。アルゼンチン出身のフランシスコ法王です。

そもそも何でローマのお坊さんがそんなに偉いのか？　歴史をさかのぼって考えてみましょう。

ローマ帝国の崩壊で、ヨーロッパの西半分はゲルマン人の侵略をゆるしましたが、東半分はゲルマン人の侵入を防ぐことができ、なんとか国を保つことができました。

この東側というのが「東ローマ帝国」です。

ローマ帝国が東西に割れることで、キリスト教会も東西に分かれました。

まずは、西のキリスト教会――「カトリック教会」誕生から見ていきます。

最後までイエスに従っていた弟子が12人いて、これを「十二使徒」といいます。

その代表格がペテロという人物。もともと漁師だった人で、イエスに特に可愛がられました。

「ペテロ」という名前は、「岩石」をあらわす言葉。イエスは「ペテロ、おまえは岩だ。だから私はペテロの上に教会を建てよう」と語っています。

イエスなきあと、ペテロが教団のリーダーとなって、布教を続けていきました。

イエスの処刑から30年後、ペテロが首都ローマに滞在中、たまたまローマで大火災が起き、消火活動の不手際から多くの犠牲者が出てしまいました。

皇帝ネロは、群衆の怒りを鎮めるために、こんな弁明をしました。

「放火の真犯人は、キリスト教徒だ！」

火災の責任をキリスト教徒になすりつけたのです。たまたまローマに滞在していたペテロたちは捕まり、処刑されてしまいました。

当時、ローマ市の西側、ヴァチカンの丘の上にはローマ皇帝のスタジアムがあり、ペテロはそこで公開処刑され、地下に葬られたのです。


３００年後。

キリスト教はローマ中に広まり、止めようがないほどの勢力となりました。ついにローマ皇帝がミラノ勅令（３１３年）でキリスト教を認め、キリスト教徒たちはヴァチカンに集まり、ペテロの墓を探しだします。

そして「私はペテロ（岩）の上に教会を建てよう」というイエスの言葉に従って、

墓の上に教会を建てたのです。これが、ヴァチカンの**サン・ピエトロ大聖堂**。今もここは、**ローマ・カトリック教会の総本山**です。

この教会を守ってきたのが、**ローマ教皇**というお坊さんです。歴代のローマ教皇は、「自分たちはペテロの後継者であり、イエスの代理人である」とし、「ローマ教皇こそが、キリスト教の最高指導者だ」と主張したのです。

こうして権威づけされたローマ教会を、ローマ・カトリック教会といいます。「カトリック」とは「普遍的《ユニバーサル》」「世界共通の」という意味です。

Q8 西欧文明の基本原理とは？

ローマ帝国が崩壊したのちに、北欧から移動してきたゲルマン人がフランク王国を建てた、という話をしましたよね。

ローマ帝国が滅んでも、ローマ人が人口の多数を占めていたので、少数民族の征服者であるゲルマン人は、ローマ人の宗教や慣習に従う必要がありました。

800年のクリスマス、フランク国王であった**カール大帝**は、ローマに行って教皇の前にひざまずき、「戴冠式」を行いました。「おまえの統治権を認める」とローマ教皇にお墨付きをもらったわけです。これを**「カールの戴冠」**といいます。地上の権力者であるフランク王が、神の代理人であるローマ教皇の手で戴冠するという構図です。

ローマ人たちの心の支えは、ローマ教皇でした。人口の大多数を占めるローマ人たちを手なずけるために、ローマ教皇の権威は必要だったのです。

このように政治権力と宗教的権威が分かれていることを、**政教分離**といいます。この**政教分離こそが、西ヨーロッパ文明の特徴**なのです。

政治と宗教が分かれているということは、王権は絶対的なものではない、ということを意味します。もし国王が悪い政治をすれば、「神のご意思とローマ教皇の命令に反する」という名目で、国王を権力の座からひきずり降ろすことができるのです。実際、教皇は反抗する王たちを「破門」し、屈服させたことが何度もあります。だから、**政教分離は独裁防止にもなる**のです。

Q9　天皇とローマ教皇との意外な共通点とは？

これとよく似た体制をとる国が、ユーラシア大陸の反対側にあります。

日本です。

日本の宗教——神道《しんとう》は、多神教です。山の神、川の神、食物の神などたくさんの神々がいますが、いちばん偉いのは太陽の女神である天照大神《あまてらすおおみかみ》。この天照大神を祭っているのが、三重県にある伊勢神宮という神社ですね。

神話の世界では、天照大神の孫である瓊瓊杵尊《ににぎのみこと》が天から九州の高千穂《たかちほ》の峰《みね》に降りてきます。これを**「天孫降臨」**といいます。

次に、瓊瓊杵尊の孫が九州から大和《やまと》に攻め込んでいって、もともと大和にあった国を倒して初代天皇になりました。この初代天皇が**神武天皇**です。

神話では、この神武天皇から現在の天皇まで家系がつながっている（万世一系）というストーリーです。だから、天皇家は今も権威をもっているのです。

天皇家が、実際に軍事力をもっていたのは7世紀までで、そのあとは藤原氏などの側近が権力を握りました。平安時代末期になると、今度は武家が台頭してきて、平清盛や源頼朝といった侍の指導者が、天皇から太政大臣や征夷大将軍に任命され、国を治めました。それでも天皇家は滅びない。

なぜでしょうか。

日本人にとっての宗教的権威、精神的な拠りどころが、天皇だからです。だから、源頼朝が武力で日本列島を統一しても、京都に行くと天皇の前で平伏する。そうして天皇から軍の最高司令官である「征夷大将軍《せいいたいしょうぐん》」の位をいただく。これをやらないと日本という国は治まらないのです。

宗教権威が軍事指導者を任命する。これは、完全に政教分離ですよね。だから、幕府が道を誤って悪い政治をしたら、天皇の名において幕府を倒してもかまわないということになるのです。実際に足利尊氏は、そうやって鎌倉幕府を倒しました。日本の歴史は、この繰り返しなのです。

明治維新も同じです。徳川幕府をどうやって倒したかというと、まず薩摩と長州が立ち上がり、それを明治天皇が認めて「倒幕の密勅」を下す。薩長軍は天皇家の紋章を記した「錦《にしき》の御旗《みはた》」を掲げて江戸城に向かって進軍する。そうすると、日本中が「御門《みかど》が認めるなら、徳川幕府が倒れるのはしかたない」となります。徳川家もほとんど抵抗することなく、権力を手放してしまう。

明治維新のような大転換は、国の一大事なので、他の国であればすさまじい殺し合いになるはずです。しかし、日本の場合は、会津藩など一部で激しい抵抗はありましたが、ほとんど血が流れませんでした。

第二次世界大戦で日本を占領したマッカーサー率いる連合国最高司令部（GHQ）は、日本の文化や歴史をよく研究していたのだと思います。**「天皇がいるから、日本は社会の安定を保てる」**ということを理解し、利用したのです。

当初、連合国の中では「天皇を戦争犯罪人として処刑しろ」という声もありました。ところが、マッカーサーは、「GHQは、天皇から権力を委任されて統治する」という方法をとったのです。8月15日にラジオで降伏を告げる昭和天皇の玉音放送が流れると、あれほど激しく抵抗していた日本兵は、ピタリと抵抗をやめて武器を置いたのです。まったくといっていいほど国内で反米運動は起きません。イラク戦争で米英軍に負けたイラク人が、むしろ敗戦後に激しく抵抗したのとは、まったく異なる態度でした。

東日本大震災の際、ご高齢の天皇皇后両陛下は被災地に何度も足を運ばれ、避難所では膝を折って人々を励まされました。自然災害の際にはパニックや略奪が起こるというのが世界の常識ですが、日本では整然と秩序が保たれたのは、「天皇を中心とする共同体意識」が強固に残っているからです。

今の日本国憲法はいろいろ問題はあると思いますが、「天皇が国家国民の象徴である」とする第1条の規定は、歴史的に見て正しかったのです。

Q10 なぜロシアと中国には民主主義が根づかないのか？

ローマ帝国分裂後、ギリシアを中心に残った国を「東ローマ帝国」といいます。その後、イスラム教徒にシリアやエジプトを奪われたため、ギリシアとバルカン半島を治めるだけの小国へと収縮していきます。

こうなると、「東ローマ」というのは名ばかりで、実質はギリシアです。歴代の東ローマ皇帝はローマの言語であるラテン語ではなく、ギリシア語を使っていました。このようにギリシア化が進んだ東ローマのことを**「ビザンツ帝国」**ともいいます。

ローマ帝国が東西に割れると同時に、キリスト教も東西に分裂しました。

東ローマ帝国は、その都であったコンスタンティノープルを中心とする「東方正教会」を国教としました。

東方正教会の特徴は、**政教一致**。東ローマ皇帝がキリストに代わって国を治める。皇帝が、正教会の人事権も握ることとなります。

政治権力と宗教が一体化しているということは、**皇帝に対する反抗は、神への反逆になる**ということを意味します。だから、一切逆らえない。

したがって、東ローマ帝国は独裁政治を維持できたのです。

実は、この政教一致体制をそのまま受け継いだのが、ロシア帝国です。ロシア皇帝は、自動的にロシア正教会を支配する。ロシアのキリスト教徒は、政教両権を握る皇帝に反抗することができません。

ですので、自動的にロシアの政治は独裁になる。つまり、ロシアの伝統からは民主主義は生まれにくいのです。

東ローマ帝国やロシアと同じように、政教一致の大国がもうひとつあります。

中国です。

中国の古代思想では、宇宙全体を支配する神のことを**「天」**といいます。天が人類の中で最も徳の高い人間（有徳者）を、皇帝として選ぶとされています。天の命令を受けることを「天命が下る」といい、だから皇帝のことを「天子」というのです。皇帝は天が選んだ「天子」なので、誰にも批判ができません。中国の政治も強烈な独裁政治となります。

独裁をしやすいといっても、皇帝が道を誤って悪政を行った場合は、天命が離れます。つまり、別の有徳者に天命が下って、暴君を倒すのです。これを**「易姓革命《えきせいかくめい》」**といいます。だから、中国は皇帝になるのに血縁は関係ありません。たとえ農民出身であっても、皇帝になれます。漢王朝を建てた劉邦《りゅうほう》という男も農民出身でした。

ここで問題なのは、天は抽象概念なので、「天から声がする」わけではありません。実際に天命を聞くことはできないのです。

ということは、武力や金、人を集めた実力者が有徳者を偽装し、「これは天命だから」と言って、時の皇帝を殺害することができる。つまり、易姓革命の実態は、狡猾な野心家による暴力革命なのです。前王朝の最後の皇帝を脅迫して、平和的な王朝交代の儀式を演出することもあります。これを「禅譲《ぜんじょう》」というのですが、禅譲させたあとは、前皇帝とその一族を皆殺しし、ということを平然とやります。

中国の歴史を読むと、裏切りと反乱の連続です。逆賊が皇帝になるのは当たり前。暴力が中国流の革命なのです。中華人民共和国を建国した毛沢東も同じ。彼も「革命は銃口から生まれる」と言っています。

中国において、時の権力者を超える権威は存在しないので、政府の批判はできない。だからこそ、権力者を倒す唯一の方法が、暴力なのです。

これは、政教分離の国である日本との根本的な違いです。中国は軍事力を押さえたものが誰でも皇帝になれますが、日本では天皇の権威を超えることは許されません。日本と中国がどうしても相容れない原因も、ここにあります。

西ヨーロッパとロシアが相容れない要因も同じです。政教分離か、そうでないか。クリミアの問題も、もとを正せば歴史的に形成された文明の違いが原因なのです。

Q11 ロシアとウクライナはなぜ対立するのか？

ここからロシアとウクライナとの関係を、歴史的に考えてみましょう。

鎌倉時代に「元寇」といって、モンゴル帝国（元朝）のフビライ・ハンが2度にわたって日本の九州地方に攻めてきました。同じ頃、フビライのいとこであるバトゥが

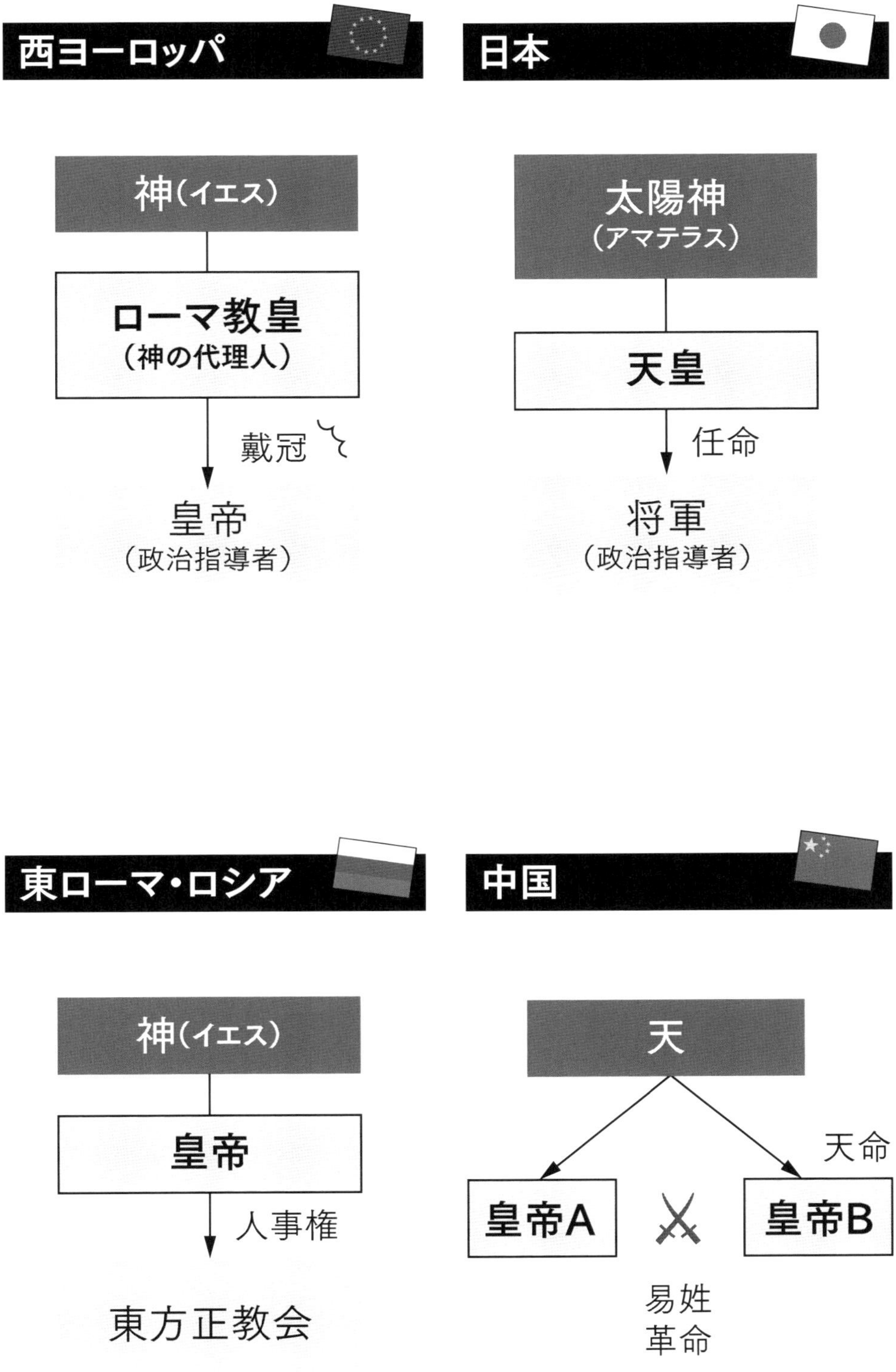
西ヨーロッパ
神（イエス）
ローマ教皇
（神の代理人）
戴冠
皇帝
（政治指導者）
日本
太陽神
（アマテラス）
天皇
任命
将軍
（政治指導者）
東ローマ・ロシア
神（イエス）
皇帝
人事権
東方正教会
中国
天
天命
皇帝A
皇帝B
易姓
革命

率いるモンゴル軍は、ウクライナにあった**キエフ公国**を滅ぼし、ポーランド、ハンガリーまで侵略しました。

そのままモンゴル軍は駐留を続け、バトゥはウクライナを中心に**キプチャク・ハン国**を建てました。これ以後モンゴルが、ロシアとウクライナを200年間にわたって支配したのです。

もともとロシア人とウクライナ人は兄弟みたいな民族。多少言葉は違いますが、同じ系統の言語です。宗教も同じギリシア正教会、文字も同じキリル文字で、ギリシア文化の影響を受けています。

ところが、モンゴル支配を脱したウクライナとロシアは、まったく違う道を歩むことになります。

モンゴル人の撤退にともなってウクライナに進出してきたのが、**ポーランド**でした。ポーランドはカトリックなので、西ヨーロッパ諸国と同じく、政治権力者の独裁を嫌う伝統があります。冷戦末期に、ポーランド共産党の独裁に立ち向かったのが、ポーランド人の教皇ヨハネ・パウロ2世でした。一方、長くモンゴル帝国の支配下にあったロシアでは、モスクワ大公《たいこう》という貴族が台頭しました。モスクワ大公は、モンゴル人の王女を妃に迎えて混血が進み、血統的にもモンゴルと一体化していきました。

もともとのギリシア正教系の文化に、モンゴル帝国の文化がプラスされたのが、ロシア人です。一方、ギリシア正教系の文化に、ポーランド系カトリック文化がプラスされたのがウクライナ人です。

たとえて言えば、ロシアとウクライナは仲の良い兄弟だったけれど、幼いときに生き別れてしまって、別々の家庭に育ったようなものなのです。

Q12 ロシアがこれほどウクライナにこだわる理由は？

のちのロシア帝国となる**モスクワ大公国《たいこう》**は、実はモンゴル帝国の後継者といえます。

もともと東ローマ式の独裁体制だったモスクワ大公国は、モンゴルの暴力支配をプラスして、ますます独裁化を強めていきました。

2世紀以上続いたモンゴル支配が終わってようやく独立したとき、モスクワ大公国（ロシア）はモスクワ周辺だけを治める小国でしたが、モンゴル時代に騎馬戦法を学んだこともあって戦争に強かった。同じ頃、カトリック教徒のポーランドがウクライナを支配下に置いたため、正教徒のロシアと対立します。

ポーランド領ウクライナでも、独立の動きがありました。コサックと呼ばれる騎馬戦法に優れた武装民兵が蜂起したのです。モスクワ大公国はコサックを支援し、ポーランド軍を破ってウクライナを併合しました。こうしてロシア人によってポーランド支配から「解放」されたウクライナ人でしたが、モンゴル風の専制国家を打ち立てようとするロシア人に対して、違和感を覚えるようになっていました。


ロシアが常にウクライナを支配下に治めようとしてきたのには2つ理由があります。

ひとつは、ロシアは寒くて食料が乏しいから。その点、ウクライナは温暖な気候で、豊かな**穀倉地帯**をもっています。

もうひとつは、**黒海への出口**だからという地政学的な理由です。

ウクライナの南に突き出たクリミア半島を領土としておけば、黒海へ出ることができます。18世紀後半、ロシアの女帝エカチェリーナがオスマン帝国を破ってクリミア半島を併合します。ロシア人がどんどん移住してきて、セヴァストーポリ軍港を築

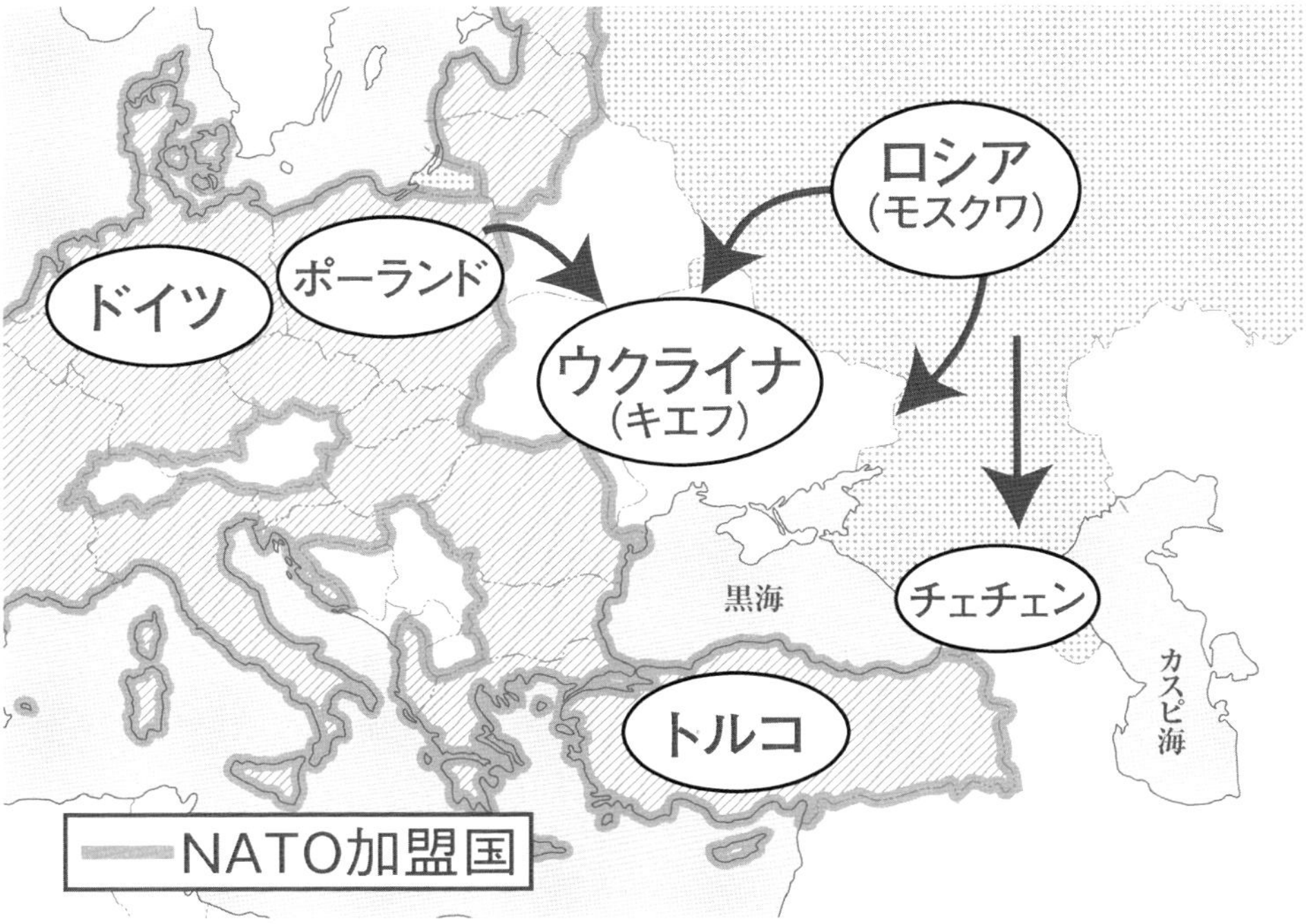

ロシアとウクライナ

き、ここを母港とするロシア黒海艦隊を編成したのです。

今日でも**クリミアの人口の6割がロシア人**、2割半がウクライナ人、残りがタタール人（イスラム教徒）です。ロシアとウクライナの紛争で、クリミア住民の多くがロシア側につくのは、このような歴史的背景があるからです。

ロシア黒海艦隊は、トルコのボスフォラス海峡を通ってエーゲ海から地中海へと出て行けます。

これがロシアの**「南下政策」**です。

19世紀まで、トルコとバルカン半島を支配するオスマン帝国は、ロシアにとって最大の脅威でした。このような南側からの脅威に対する防波堤としてもクリミア半島は重要な位置にあります。

現代でも状況は同じです。トルコはNATO（北大西洋条約機構）加盟国であり、ロシア軍の南下に対する防波堤の役割をしています。冷戦中には米軍の核ミサイルが配備されていたこともあります。

もうひとつ、黒海とカスピ海との間、カフカース地方には独立をめぐって紛争が起きている**チェチェン共和国**があります。チェチェンも19世紀後半にロシア帝国にのみ込まれたイスラムの国で、カフカース地方には、こうした少数民族がたくさん住んでいます。

カフカース地方は、ロシアがカスピ海に出るためにどうしても押さえなければならない要所です。カスピ海は世界最大の湖で、外海とはつながっていません。ロシアがカスピ海に求めるのは軍港ではなく、油田とガス田です。カフカース地方の少数民族独立運動に火がつくと、**カスピ海油田へのアクセス**が難しくなる。だから力ずくでも押さえつけようとするのです。

Q13 ウクライナ内戦の歴史的背景とは？

ひと口にウクライナ人といっても、東西で大きく2つに分けることができます。ウクライナの国土の真ん中に**ドニエプル川**が流れているのですが、川の東にはロシアから移住してきた人々が多く住んでいます。当然、ほとんどが親ロシア派です。ドニエプル川の西は、歴史的にポーランドの支配を長く受けてきた本来のウクライナ人が多いため、完全に親欧米派でＥＵ加盟を熱望している。

東西で親ロシアと親欧米で二分されるので、ウクライナで大統領選挙をすると、きれいに票が割れるのです。**東側は必ず親ロシア派の候補に投票し、西側は親欧米派の候補に投票する。**だから、どちらの候補が勝っても、反対側は不平不満を言うことになります。

ウクライナ危機の引き金を引いたのは、２０１３年11月、親ロシア派のヤヌコヴィッチ大統領がＥＵ加盟手続きを停止したことです。

それ以前のウクライナは、親欧米派政権がＥＵ（欧州連合）への加盟交渉を進め、ロシアとの関係が悪化していました。親ロシア派のヤヌコヴィッチ政権はちゃぶ台返しをして、ＥＵ加盟交渉を中断させました。「ウクライナはＥＵではなく、ロシア側につくべきだ」とぶち上げて、ロシアのプーチン大統領を喜ばせます。

ところが親欧米派のウクライナ人たちが、「冗談ではない！」と怒りを爆発させて内戦状態になり、ヤヌコヴィッチ大統領はロシアへ亡命します。親欧米派の暫定政権が発足しますが、これに対してロシア系の多い東部諸州が独立の動きを見せ、ロシア軍がこれを支援したため、ウクライナ国内は大混乱に陥りました。

ロシア系の多いクリミア自治共和国も住民投票を実施し、「ウクライナからの独立と、ロシアへの編入」に賛成する票が大多数を占めました。この結果を受けて、プーチン大統領は、クリミアの編入を決めたのです。

こうなると、問題を解決するのは簡単ではありません。

EU加盟も「住民の意思」。ロシアへの編入も「住民の意思」だからです。

根本的な問題解決には、ドニエプル川を境に親ロシア派と親欧米派とで、東西に分裂するしかないでしょう。国を分割する以外に解決策がないという意味では、イラクやシリアと同じなのです（Q41参照）。

Q14 ロシア軍はクリミア紛争に軍事介入したのか？

クリミア半島の南岸、黒海に面したセヴァストーポリの海軍基地は、日本でいうと横須賀のような巨大軍港です。

帝政ロシア時代からロシア黒海艦隊の母港だったのですが、1991年のソ連崩壊により独立したウクライナ領となり、ロシアが海軍基地をウクライナから借りるという形で落ち着きました。

「借りている」ということは、当然、ウクライナの親欧米派政権としては返してほしい。実際に返還する期限も迫っていました。

プーチン大統領は、おそらくこう考えたでしょう。

「ウクライナの親欧米派政権はクリミアのロシア軍を撤退させたあと、NATOに加盟して米軍の駐留を許すかもしれない。これは、ロシアにとって重大な脅威となる」

「クリミア全体をロシアに編入してしまえば、セヴァストーポリ軍港をウクライナへ返す必要はなくなる」と。

ウクライナの混乱は、ロシアにとっては、**セヴァストーポリ軍港を守るための最後の機会**だったというわけです。

クリミア半島をロシアが編入する際に、「覆面をした正体不明の武装集団があらわれ、ウクライナ軍基地を襲って武装解除させた」というニュースが流れました。

セヴァストーポリに駐在しているロシア正規軍が、ウクライナ軍を襲ったことが明らかになれば、さすがに国際問題になるので、ロシア兵に覆面をさせて民兵に偽装させ、編入の手助けをさせたというのが真相のようです。

ただの民兵に、ウクライナ正規軍を武装解除できるわけがありません。このような「謎の集団」は、ウクライナ東部諸州の独立運動でも「活躍」しています。

Q15 マレーシア機を撃墜したのは誰か?

ウクライナ危機の最中、ウクライナの東部でアムステルダム発、クアラルンプール行きのマレーシア航空機が撃墜されるというショッキングな事件が起きました。

ウクライナ東部諸州で、独立を求める親ロシア派の武装勢力（偽装したロシア兵を含む）と、分離独立を認めないウクライナ政府軍との間で激しい戦闘が繰り広げられる中で、この事件は起こりました。

親ロシア派の武装勢力がウクライナ軍の軍用機と間違えてマレーシア機を撃墜したという説が、欧米のメディアで流布されました。

実はマレーシア航空機が通過する数時間前に、同じ航路をプーチン大統領が乗った飛行機が飛んでいます。だから、ウクライナ軍がプーチン大統領を狙ったけれど、間違えてマレーシア航空機を撃墜してしまったという説を、ロシアのメディアが報道しました。

真相は藪の中です。

ウクライナは、機体が落ちた現場の調査をなかなか認めませんでした。潔白だったら、すぐにオープンにするはずです。そういう意味では、ウクライナ政府にも何か裏の事情があると勘繰らざるを得ません。

Q16 アメリカがウクライナを支援するのはなぜ？

ロシアが強引にクリミア半島を編入すると、アメリカとＥＵは強く反発してプーチン政権を非難し、ロシアの政府高官や企業家の資産凍結やＧ８への参加停止などの制裁を科すことを決定しました。

なぜ、アメリカはロシアを非難し、ウクライナ政府を支援しているのでしょうか。

それは「ウクライナをＮＡＴＯに加入させたい」というのがアメリカの本心だからです。

クリミアに米軍基地を置いて睨みをきかせれば、ロシアはもう手も足も出ない。ロシアの封じ込めがアメリカの究極の目的です。だからアメリカは一貫してウクライナを応援しているのです。

アメリカは、これまで一貫してロシアの弱体化を目標としてきました。ソ連解体のときも、ソ連からの独立を目指す勢力を応援しました。ウクライナの経済自由化や「オレンジ革命」をはじめとする民主化運動に対して、多額の援助をしてきたのは、アメリカの巨大金融資本（ヘッジファンド）を率いたジョージ・ソロスのオープン・ソサエティ財団です。

一方のロシアは、近年、防戦一方でした。

ロシアの勢力がいちばん強かったのは冷戦期です。第二次世界大戦の末期、ロシア軍（ソヴィエト軍）が逃げるドイツ兵を追走して、ポーランドから、ハンガリー、ブルガリア、そしてドイツの東半分までを占領下に置きました。東西冷戦が始まると、NATOに結集した欧米諸国と激しく対立しました。

ところが、1989年の東ヨーロッパの自由化運動をきっかけにゴルバチョフ政権が東欧から撤退。そのあとソ連（共産主義ロシア）自体も崩壊し、ウクライナなどの国々が独立することになりました。

領土が縮小し続けてきたロシアですが、2000年代以降はプーチン大統領の強いリーダーシップのもと、もう一度勢力を拡大しようとしたため、再びアメリカ、EUとぶつかっている、というわけです。


かつての東西冷戦時代についてもいえますが、今ヨーロッパで起こっている紛争の根本原因は、**「いったいどこまでがヨーロッパなのか」**という点に尽きます。

クリミア半島の問題も「ウクライナはヨーロッパなのか、それともロシアなのか」という綱引きを、欧米とロシアの間で繰り広げているようなものです。まさに本章の冒頭で述べた**「文明の衝突」**がウクライナで起きているのです。

Q17　ロシアに対するイギリスの強気、ドイツの弱気はなぜ？

EUもウクライナ政府を支援し、ロシアを非難していましたが、実はEU内でもかなりの温度差があります。イギリスはアメリカと歩調を合わせて強硬路線をとっていますが、ドイツ、フランスなどは「及び腰」です。

その理由を理解するには、**エネルギー問題**について触れなければなりません。ヨーロッパの国々は、エネルギーをどこから調達しているか、という問題です。

もちろん、中東の産油国にも依存していますが、実は**ロシアから大量の天然ガスを輸入している**のです。

特にカスピ海の周辺は天然ガスなどが豊富にとれる場所です。ロシアはそこからパイプラインを引いて、ウクライナ経由でチェコ、オーストリア、ドイツなどEU諸国に天然ガスを供給しています。

ヨーロッパからすれば、ロシアはたしかに困った国ではありますが、一方でパイプラインを通して安くエネルギーを売ってくれる国でもあります。「輸送コストが高くつき、政情が不安定な中東諸国から買うよりはましだ」というのがヨーロッパの本音です。

ロシアとウクライナとの対立激化のあおりを受けて、EU向けのガス供給が滞ったことがあります。

ウクライナが財政難を理由にガス代金を滞納したため、ロシアが「カネを払わぬなら供給しない」と通告したのです。ところがウクライナ向けのガスと、EU向けのガスは、同じパイプラインを通っているため、すべてウクライナを通過します。そこでウクライナは、EU向けのガスから抜き取って、カネを払わずに使ったのです。この結果、EU諸国には十分なガスが届かなくなりました。ロシア・ウクライナ紛争の「とばっちり」を受けたのです。

ロシアもそうしたEUの事情をよく理解していて、天然ガスのパイプラインをうまく駆け引きの材料に使っています。

現在ロシアは、ウクライナを経由せずに、**黒海やトルコを通ってヨーロッパに天然ガスを送るパイプライン計画**を進めています。もちろん、ヨーロッパの国々は大賛成です。不安定なウクライナを通さずに、安い天然ガスを輸入できるのですから。

このような事情もあって、特に自前のエネルギー資源をもたないドイツ、イタリアなどは、あまりロシアとはケンカをしたくないというのが本音です。

一方、他のEU諸国に比べて、イギリスが強硬姿勢なのもエネルギー問題です。イギリスは**北海油田**という自前の油田をもっているのです。北海油田も枯渇しかかっていますが、今のところはロシア産の石油や天然ガスに頼らなくていいのです。

したがって、クリミア半島の問題は、「ロシアへ経済制裁しろ」とアメリカやイギリスが息巻くのを、ドイツがその間に立って「まあまあ、ほどほどにしましょう」となだめている構図となっています。

また、フランスは原発大国です。「脱原発」を進めたドイツは、自然エネルギーだけでは電力をまかなえず、結局、フランスから電気を買っているのです。ウクライナ問題でドイツが困るとフランスは電気を高く売れる、というおいしい立場にいます。

ウクライナ問題でEUが結束できないのは、こういう理由なのです。

Q18 プーチンはなぜロシアで人気があるのか？

ウクライナ問題をめぐっては、ロシアのプーチン大統領は、強気な姿勢で臨み、国際的な孤立を招いているように見えます。にもかかわらず、プーチン大統領は国民から絶大な人気を集めている。

なぜでしょうか。

ロシア人は、国を守ってくれる強い指導者を好みます。もともと歴史的に政教一致の独裁が文化として根づいている国ですから、民主主義の伝統もありません。

ロシア人が好きな歴史上の人物は、3人います。

1人目が帝政ロシアのピョートル大帝、2人目がソ連のスターリン、そしてもう1人がプーチン大統領です。

西側諸国から見れば、スターリンはとんでもない独裁者で、「反革命罪」で自国民を数百万人も殺害した人物です。それでもロシア人がスターリンを好むのは、ヒトラーの侵略からロシアを守った「強いリーダーシップ」に価値を置いているからです。

逆に、冷戦終結の功労者として西側の国々から高く評価されているゴルバチョフ元大統領は、まったく人気がありません。「アメリカに屈した」というのが国民の評価です。また、ソ連共産党を解体してロシアを民主化したエリツィン元大統領も、「アメリカの手先となり、混乱を引き起こした」という評価です。

こうした国民性からプーチンは強硬に出られるわけです。

プーチンが強気に出るのには、もうひとつ大きな理由があります。

アメリカが手を出してこないからです。

オバマ大統領は、「イラク戦争は失敗だった。だから、イラクからアメリカ軍をすべて引き揚げる」と公約して当選した大統領です。「核のない世界！」と演説しただけでノーベル平和賞をもらってしまいましたし、キャラクター的にも「内向き」で、医療保険制度の改革には熱心だけれど、外交・軍事に興味がない。

ですからIS（イスラム国）問題でも、ウクライナ問題でも、中国の南シナ海進出の問題でも、いつも口先だけで、軍事的に強引な手段を講じることができない。

プーチン大統領は、それをよくわかっているので、オバマ大統領の任期いっぱいの2016年まではやりたい放題やる、と決めたのでしょう。

オバマのような平和主義者が平和をもたらすとは限りません。その逆の例のほうが圧倒的に多い。平和主義者は舐められる、というのが世界史の教訓なのです。

Q19 なぜEUはギリシアを見捨てないのか？

ウクライナ問題の背景には、欧米諸国とロシアとの駆け引きが存在しました。これと同じように、両者の駆け引きの舞台となってきた国があります。

ギリシアです。

ロシア側から見れば、ギリシアは宗教が同じで、ともに正教会（東方教会）です。もともとは東ローマ帝国のキリスト教でしたね。

ギリシア文字からつくられたのがロシア文字（キリル文字）なので、文字までそっくり。文化的背景がよく似ているのです。

また、ギリシアは地中海に突き出た半島ですから、地政学的にも重要です。この場所にロシアの軍港をつくっておけば、「南下政策」もやりやすくなります。

19世紀以降、ロシアはギリシアを始めとした、バルカン半島の国々になんだかんだと口を出し、介入してきました。

バルカン半島はオスマン帝国の支配下にあったので、「かわいそうな正教会の仲間たちを助けるんだ」と言って、オスマン帝国からの独立を煽り、ギリシア独立戦争も支援したのです。

こうしたロシアの干渉を恐れたのが、イギリスとフランス。

インドを植民地にしていたイギリスには、インドに行くための地中海ルートを確保したいという思惑がありました。この**「インド・ルート」**を確保するために、地中海と紅海を結ぶスエズ運河までつくったほどです。ですからイギリスやフランスは、ギリシアにロシア軍が進出してきたら困るのです。

この話を今の日本にたとえれば、日本のタンカーが往来する南シナ海やマラッカ海峡に中国の軍艦が出てきて、たとえばシンガポールが中国海軍の軍港になったら日本人がどう思うかという話です。中国海軍の妨害で中東からの石油供給に支障が出るかもしれません。とても不安ですよね。

イギリスやフランスは、絶対にギリシアをロシア側につけたくない。だから、ロシアの何倍もギリシアを支援して、なんとかギリシアを仲間として引き止めようと頑張るのです。

この状態は、ギリシアから見れば、実においしい話なのです。ロシアとイギリスという2つの親分が交互に助けてくれるのですから。だからこそ、ギリシアはあっさりとオスマン帝国から独立できましたし、独立後も財政的な援助までしてもらえました。

たとえば、ある一人の女性に対して、2人の男が言い寄っている場合、どんなことが起きるでしょう。

2人の男は、競い合うかのようにプレゼント攻撃をして、こっちを向いてくれるよう一生懸命尽くすはずです。それと同じで、ギリシアに振り向いてもらいたくて、2つの大国が援助を競い合ってきたのです。

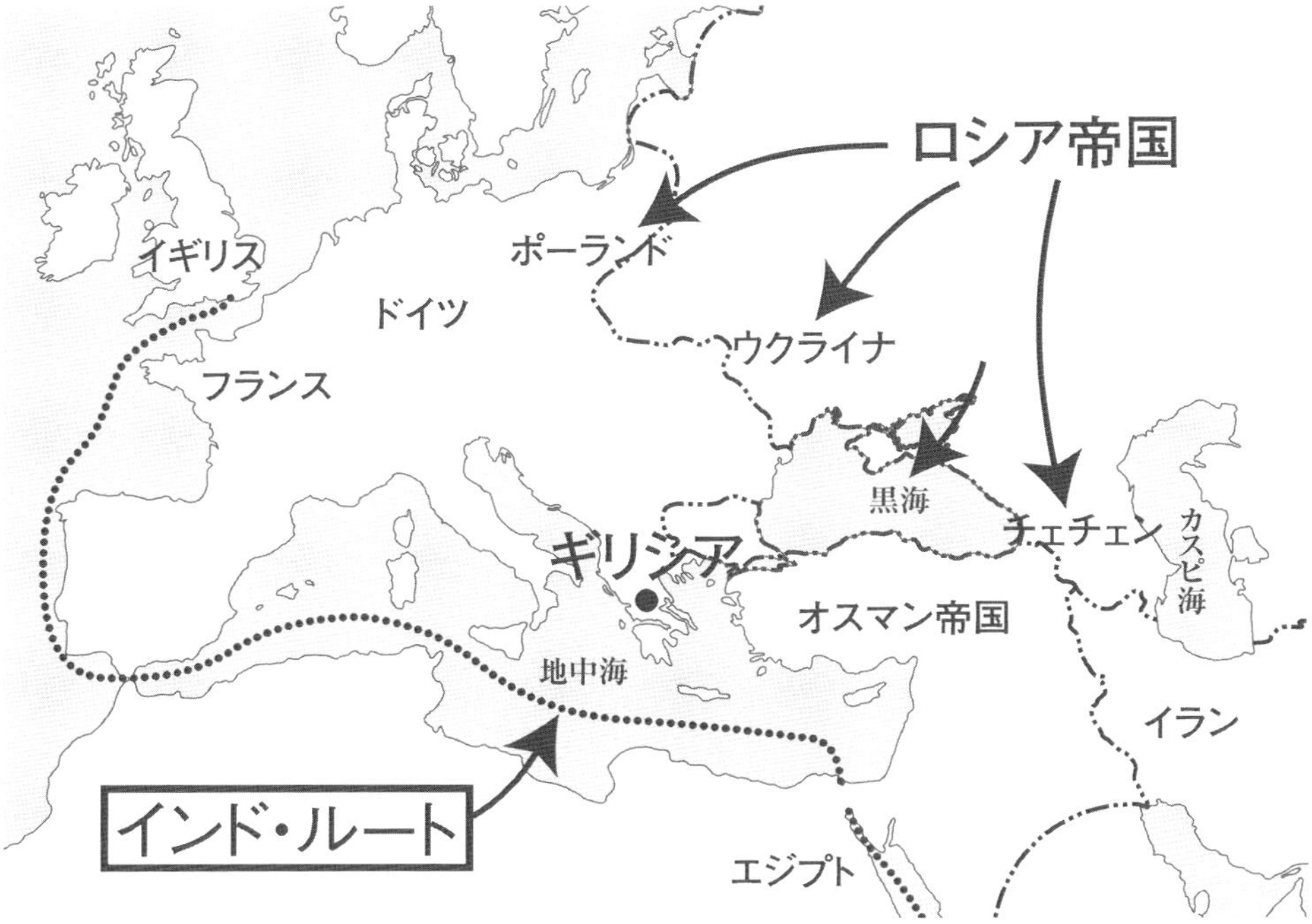

インド・ルートとロシア

ギリシアは、オリーブと観光業くらいしか産業がなく、経済的には非常に遅れた貧しい国です。それでも、西側軍事同盟のNATOや、経済同盟のEUにあっさりと加盟できたのは、「ギリシアがロシア側につかれたら困るから」という理由です。

近年問題になっているギリシアの財政問題も、根っこは同じところにあります。ギリシアの財政は慢性的に破綻寸前なのに、なんだかんだと生き延びているのは、最終的にはEU諸国が助けてくれるからにほかなりません。

プーチン政権は、輸出品である石油の値下がりで財政的に厳しい状態ですが、たとえば天然ガスを安く供給するなどの形でギリシアを助けたいと思っているはずです。

Q20 なぜギリシアは財政危機に陥ったのか?

そもそも、なぜギリシアは財政危機に陥ってしまったのでしょうか。

ロシアと欧米からそれぞれ支援を受けてきたギリシア国内には、親ロシア派と親欧米派がいて激しく対立してきました。

このあたりは、ウクライナそっくりですね。

第二次大戦中、ドイツ軍に占領されたギリシアでは、親ロシア派である共産党が「ソ連と一緒に戦おう!」と叫べば、親欧米派は「米英と一緒に戦おう!」とやり返す。ドイツ軍が撤収すると、両者はすさまじい内戦を引き起こしたのです。

共産党を叩きつぶして誕生した軍事政権は、アメリカの支援を受けて20年ほど続きました。けれども独裁がいきすぎた結果、国民の反発を招き、アメリカにも見捨てられて1970年代に民政移管を認めました。

その後はそれまでの反動から、**親ソ派の社会主義政党(パソック)**が議会で過半数を占めることになりました。日本社会党みたいな政党で、支持基盤である労働組合の要望をどんどん吸い上げていったのです。

賃上げを認め、有給休暇を増やし、退職の年齢を早め、年金を増額して……というように労働者を優遇すると同時に、支持者を国有企業の社員や国家公務員として優先的に採用しました。

その結果、**国民の4分の1が公務員**という異常事態に陥ってしまいました。

55歳で定年を迎え、あとは悠々自適に暮らす。ギリシアの労働者にとっては、天国のような待遇でしたが、そのツケが巨額の財政赤字として累積していったのです。

冷戦終結後、欧州連合（ＥＵ）が発足してギリシアもそのメンバーになりました。通貨統合を目指すＥＵは統一通貨ユーロを導入します。財政赤字を抱えるギリシアの通貨ドラクマは国際的信用が低く、石油などを輸入するにはユーロのほうが有利です。しかしユーロ導入には、「財政赤字がＧＤＰの３％以内」という基準があります。

アテネ五輪を前にユーロ導入を急いだギリシア政府は、国ぐるみの粉飾決算によって基準を満たし、ユーロ導入を果たしました。

政権交代によってこの事実が近年あきらかになり、ユーロそのものの信用失墜と暴落を引き起こしたのがユーロ危機です。

結局、ギリシアが垂れ流している赤字の穴埋めは、西欧諸国、特にドイツやフランスが負担しています。当然、両国の国民は「ふざけるな」と怒っている。しかしギリシアがロシア側に寝返るとやっかいなので見捨てられない、という構図です。

ユーロを発行する欧州中央銀行の最大の出資国はドイツです。ドイツのメルケル首相はユーロを融資する条件として、公務員削減、年金支給額の引き下げなど、厳しい緊縮財政をギリシアに要求しました。豊かな老後をあきらめろ、ということですから、ギリシアの労働組合は猛反発します。

2015年のギリシアの選挙では、ドイツの要求に屈したパソックが敗北し、「これ以上、EUの言いなりにはならない」ことを掲げる急進左派連合（シリザ）――日本で言えば、共産党＋社民党＋脱原発運動みたいなものが勝利を収め、「借りたカネは返さん！」「ドイツこそ戦時中の賠償をちゃんとしてないじゃないか」と開き直ったので、ドイツは頭を抱えています。

今度もギリシアは深刻な財政問題を抱えつつ、大国に助けてもらいながら、だらだらと延命されていくことになりそうです。

Q21 ユーロ加盟国はまだ増えるのか？

1999年の誕生以降、通貨ユーロを導入する国は拡大を続け、約20カ国で共通通貨として採用されています。

しかし、今のユーロは**どん詰まりの状態**と言わざるを得ません。

いちばんの問題は、ギリシアやイタリア、スペインなど財政赤字や経済面で足を引っ張っている国の存在です。

たとえて言えば、大家族の中にほとんど働かずに趣味に熱中している兄弟が2～3人いる状態です。今は、他のお兄さんたちが一生懸命、面倒を見ていますが、このままダメな弟たちを一生面倒見るか、それとも勘当するか、覚悟を決めなくてはならないでしょう。

家族を支えている長男の立場であるドイツとしては、「もう面倒を見きれない」というのが本音。「ギリシアに脱退してもらうか、それがかなわないなら、ドイツがユーロから抜けて元のマルクに戻す」という選択をするかもしれません。

Q22 イタリア、スペインが財政赤字で苦しむ理由は？

財政赤字の問題を抱えているのは、ギリシアだけではありません。ギリシアに加えて、ポルトガル、イタリア、アイルランド、スペインも巨額の財政赤字を抱えていることが明らかになっています。

これら5カ国の頭文字をとって**PIIGS（ピッグズ）**と呼びます。「イタリアは昔、ローマ帝国があんなにすごかったのに、今はなんでダメなの？」とよく質問されますが、原因は宗教にあります。

イタリアやスペイン、ポルトガルといった南ヨーロッパの国々が財政赤字に陥った原因は、彼らが信じるキリスト教のカトリック教会の教えにあるのです。

中世のカトリック教会は、**「蓄財は罪」**と教えました。だから、お金が貯まったら教会に寄付することが奨励されていました。教会が販売する贖宥状《しょくゆうじょう》（免罪符）というお札を購入すれば、罪をあがない、神の赦しを得ることができるというわけです。

「金儲けは罪」「教会に寄進をすれば救われる」――という教えでは、頑張って働いて、お金を稼ごうというモチベーションが起こりません。蓄財より消費に励み、教会にどんどん寄進するような国民性が育まれていったのです。

現在、財政赤字に陥っている南欧諸国とアイルランドがカトリック教国であるのは、偶然ではありません。

また、イタリアやスペインは、ギリシアと同じく冷戦中は親米軍事政権で、さまざまな支援を受けられた。つまり「甘やかされていた」ことも財政が悪化した原因のひとつといえます。

Q23 なぜドイツ経済だけが好調なのか?

ヨーロッパの多くの国が財政赤字に苦しむ中で、ドイツ経済だけが好調を維持しています。

資源に恵まれているわけでもないドイツが、なぜヨーロッパ経済全体を引っ張るような力強さを発揮できるのでしょうか。

実は、この謎にもキリスト教が関係しています。

カトリック教会は「勤労と蓄財は罪」だと説明しましたが、こうした教えを公然と否定したのが、ドイツのルターとスイスのカルヴァンです。いわゆる**宗教改革**ですね。彼らの教えを信じる新しいキリスト教徒を総称して**プロテスタント（新教徒）**といいます。

プロテスタントは、寄付金集めに熱心なカトリック教会を否定し、勤労や蓄財を罪と見なさない。一生懸命働くことが神のご意思にかなうことである、という教えです。教会で祈ることだけではなく、日々、自分の仕事を真面目に頑張ることを奨励された教徒たちは、がむしゃらに働きました。働くことが一種の信仰だったのです。

このプロテスタントの勤勉さこそが、現代の「資本主義」のバックグラウンドとなっています。

プロテスタントが広まったのは、ドイツ、イギリスをはじめとする北ヨーロッパの国々です。ちなみにフランスは、いちおうカトリックの国ですが、宗教改革の影響も強かったので、ドイツとイタリアの中間といえます。

プロテスタントの教えが影響を及ぼしたのは、ヨーロッパだけにとどまりません。アメリカ合衆国が経済的な発展を遂げて、世界一の経済大国にのし上がったのも、**プロテスタントという宗教的なバックグラウンドがあったから**です。

未知の大陸に渡って、アメリカ合衆国をつくったのは、主にイギリス系移民の新教徒（プロテスタント）でした。よく働く勤勉な人々だったからこそ、アメリカ合衆国は超大国となり得たのです。

同じ時期にヨーロッパの移民が海を渡って開拓した中南米の国々が、アメリカ合衆国のような経済発展を遂げられなかったのはなぜでしょうか。合衆国と比べて資源も豊かなのに、なぜ……？

中南米に乗り込んでいったのは、スペイン人とポルトガル人。つまりカトリック教徒だったのです。だから南欧諸国と同じように勤労に価値を見出せず、経済発展の面で後れをとったのです。このような歴史を見ていくと、宗教などの文化的背景が一国の経済にもたらす影響の大きさを実感できるでしょう。

Q24　ロシアが経済大国になれないのはなぜ？

文化的背景が国の経済に影響をもたらす例を、もうひとつ見てみましょう。ロシアです。

ロシアは、国土も広く、資源にも恵まれている。それなのに経済が弱く、世界を牽引するような大企業が生まれなかったのは、なぜでしょうか。

これもキリスト教が大いに関係しています。

カトリックやプロテスタントなど、西ヨーロッパのキリスト教は、罪の意識が強い。「原罪」といって、「人間は生まれながらに罪を負っている。だから、その罪を清めないと神様に救ってもらえない」という教えです。

どうやってその原罪を清めるかというと、カトリックは教会に一生懸命寄付をすること、プロテスタントは勤勉に働くことが奨励されたのです。

ところが**ギリシアからロシアに広まった正教会（東方教会）は、もともと原罪の意識が希薄**なのです。そういう意味で、「何かを一生懸命やらなければ」という切迫感が乏しい。だから、カトリックとは違う理由で、勤労意欲も希薄なのです。

ロシアとギリシアが経済的に弱いのも、宗教的な背景から説明できるのです。

Q25 なぜスコットランドで独立運動が起きたか？

ウクライナの問題は、思わぬところにも飛び火しました。スコットランドの独立運動です。

イギリスの正式国名は「連合王国」。18世紀初頭に、南のイングランドと北のスコットランドが対等合併してできた国です。

２０１４年9月、イギリスからのスコットランド独立の是非を問う住民投票が行われました。結果的に、独立反対派が過半数を占め、独立は否決されましたが、世界的にも大きな注目を集めました。

スコットランドの独立運動が盛り上がった背景には、クリミアが独自に住民投票を行って、ウクライナから独立し、ロシアに編入されたことが影響しています。一連の過程を見て、スコットランド人も「クリミアができたなら、スコットランドもできる」と独立心に火がついてしまったのです。

スコットランドのほかにも、スペイン東北部の**カタルーニャ**という自治州でも、クリミア半島をきっかけに独立運動が盛り上がっています。ＥＵは、「ヨーロッパ全体でひとつの国」という考え方なので、ＥＵ内では国境線があいまいになっているのも、少数民族の独立運動が盛り上がる理由のひとつです。

スコットランドの住民投票では、イギリスのキャメロン政権が、「独立したら通貨ポンドは使わせない」とスコットランドに脅しをかけました。

イギリス国民は、ドルの以前に世界の機軸通貨だったポンドに誇りをもっているので、ＥＵに加入したあともユーロは使っていません。ポンドに誇りをもっているのはスコットランドも同じなので、ポンドを人質にしたわけです。

スコットランド側はこれを突っぱねて、独立したらユーロを導入すると宣言しました。しかも、スコットランドは北海油田があるので、独立しても経済的には問題ないと自信をもっています。

イギリス側は、北海油田を手放したくない。またスコットランドは良港に恵まれ、イギリス海軍の原子力潜水艦の母港があるので、なんとしても独立を阻止したい。ロシアがチェチェンの独立を認めず、クリミアの軍港を手放さないのと同じ理由ですね。さすがにイギリスは、ロシアのように実力行使はできませんが……。

スコットランドの独立問題はまだ本当の意味で収まっていません。火種が残ったままなので、また再燃する可能性があります。日本にも、沖縄の独立を主張する人たちがいますので、他人事ではありません（Ｑ97参照）。

民主主義は強みでもありますが、弱点でもあります。民主主義だからこそ、スコットランドのような住民投票の実施を一方的に否定することができないのです。

Q26 「アラブの春」はなぜ起こったか？

「ウクライナ問題」「財政赤字問題」のほかにも、ヨーロッパが抱えている深刻な問題があります。

ヨーロッパの南側、北アフリカ諸国やシリアからの移民問題です。

まずは、北アフリカの近・現代史をざっとおさらいしてみましょう。

中世以来、地中海がイスラム世界との防波堤の役割を果たしてきました。ところが、19世紀の帝国主義の時代になると、新たな領土や天然資源を求めて、イギリス、フランス、イタリアが北アフリカを侵略しました。

エジプトはイギリスの植民地に、モロッコ、アルジェリア、チュニジアはフランスの植民地に、そしてリビアはイタリアの植民地になりました。

このような歴史的背景から、チュニジアやアルジェリアなどの北アフリカの国では、今でもフランス語が通じる一方、根強い反フランス感情があります。

第二次大戦でフランスが疲弊すると、植民地だった北アフリカの国々は次々と独立を果たしました。そのとき「アラブ諸国の独立を支援する」という名目で新たに触手を伸ばしてきた国があります。

ソ連です。

その結果、独立後の北アフリカ諸国とシリアは、**親ソ社会主義政権**になりました。**エジプトのナセル、サダト、ムバラク、リビアのカダフィー、シリアのアサド家**、みな社会主義者です。

これらの国々はソ連をモデルとして5カ年計画を実施し、企業の国営化も推し進めました。

ところがソ連本国と同様に、「何でも国有化」の社会主義計画経済は効率が悪く、人々の勤労意欲を奪い、党官僚の汚職がはびこります。自由がない。生活もよくならない。国民の不満が徐々に高まります。「社会主義になれば、平等で豊かになる」という宣伝の嘘がバレてしまったのですから。

こうした国民の不満の受け皿となったのが、「イスラム原理主義」でした。

勢力を拡大するイスラム原理主義者を恐れた社会主義政権は、強権によってこれを取り締まりました。原理主義者はテロで応戦し、独裁政権とイスラム過激派との血で血を洗う抗争が続いたのです。エジプトのサダト大統領は軍事パレードを閲兵中に射殺され、アルジェリアでは一般市民を巻き添えにした壮絶なテロが繰り返されました。

冷戦が終結すると、一気に風向きが変わります。

アラブ諸国のバックについていたソ連が崩壊して援助が止まり、社会主義政権はどこも弱体化していきます。

そこに助けの手を差し伸ばしたのが、冷戦の勝利者、アメリカでした。

90年代、エジプトのムバラク政権やリビアのカダフィー政権は、手のひらを返すかのように、アメリカに急接近。経済を自由化します。

この結果、外国資本が入ってきて、北アフリカの国々は一気に近代化が進み、経済的にも発展していきました。

ところが、「弱肉強食」の**アメリカ型の資本主義は、貧富の差を生みます。**

今までの社会主義政権ではみんなが平等に貧しかったのに、アメリカの資本が入ってきてからは、一部の人が大金持ちになって、それ以外の人は貧しくなってしまった。そうなると、当然、国民の間で一部の金持ちに対して、ねたみやそねみといった感情が渦巻きます。

そんなところにアメリカ資本によって北アフリカに持ち込まれたのが、**携帯電話。**それまでは国営のラジオやテレビ放送が国民の情報源だったので、政権が情報統制をして、不満を抑え込むことができました。ところが、携帯電話やインターネットの普及によって、政権にとって都合の悪い情報が垂れ流しになります。市民がデモをしている映像や画像が、インターネットを通じて拡散されていったのです。

こうして始まったのが、**「アラブの春」**と呼ばれる反独裁運動なのです。


アラブの春の発端は、2010年末のチュニジアで勃発した体制権力への異議申し立て運動、いわゆる**ジャスミン革命**です。

チュニジアは**ベン・アリ**大統領という社会主義の独裁者が権力を握っていました。大統領の一族にコネがないと、仕事ももらえない――。そんな社会です。

そんな政権が崩壊するきっかけをつくったのは、地方出身のある若者です。

実家の家計を助けて露天商を営んでいた若者は、賄賂を支払えなかったため営業許可をもらえず、商売道具の秤《はかり》を没収されます。返還を求めて訪れた地方政府では、女性係官から侮辱され、ビンタをくらった若者は激昂し、広場の真ん中でガソリンをかぶって、抗議の焼身自殺をしたのです。

その様子が通行人によって撮影され、動画がインターネットを通じて、たちまち拡散されていきました。

動画を見た人たちは「彼は独裁政権の被害者だ」と政府を非難、若者たちは政権打倒に立ち上がったのです。

軍が反政府運動に合流した結果、ベン・アリ政権は崩壊しました。

チュニジアの政権崩壊のニュースは、同じアラビア語圏のリビアやエジプト、シリアなどの独裁政権の国民も知るところとなり、各国で一斉に大規模な反政府運動が起こりました。こうして「アラブの春」が起こったのです。

Q27 「アラブの春」で民主化は実現したのか？

「アラブの春」によって独裁政権を倒したあと、国民は自由と平等を手にすることはできたのでしょうか。

残念ながらそうはなりませんでした。エジプトでは軍事クーデターが発生し、リビアとシリアでは内戦が泥沼化しています。

なぜでしょうか。

民主化された国々では次々と自由選挙が行われましたが、**選挙で勝利を収めたのは、イスラム原理主義政党**だったのです。

エジプトでは**ムスリム同胞団**というイスラム原理主義政党が選挙で勝ちました。長い間、社会主義独裁政権と闘ってきた組織です。

イスラム原理主義というと、ＩＳ（イスラム国）のような過激派組織を連想するかもしれません。しかし、ムスリム同胞団の99％は普通の一般市民です。町の有力者や医者、学校の先生などインテリが多く、普段は恵まれない人のための救済活動などもしています。だから、市民からも信頼があるのです。

ところが、社会主義政権による激しい弾圧が続き、ムスリム同胞団の一部の人間が、「もう武器をもって戦うしかない」と過激派路線に走ったのです。

彼らはサダト大統領暗殺事件を引き起こしてさらに弾圧され、一部のメンバーはアフガニスタンに行ってビン・ラディンが率いる**アルカイダ**と合流しました。

民主化の後、選挙で政権を取ったムスリム同胞団は、「エジプトは、西欧化をやめて、イスラム法を導入する」と言い出しました。

アメリカをはじめ、欧米諸国は慌てます。親欧米派の軍部がクーデターを起こし、選挙で選出された大統領を逮捕し、同胞団を非合法化してしまったのです。結局、また独裁政権に逆戻りです。

シリアでもアサド政権を覆そうとしたら、ＩＳという過激派が出てきました。**独裁政権は、イスラム過激派という怪物を閉じ込めておく「ビンのふた」だった**のです。民主化を推し進めたら、イスラム原理主義が台頭した。「アラブの春」が引き起こした混乱のツケは、移民問題というブーメランとしてヨーロッパに襲いかかります。

Q28　ヨーロッパの移民問題はなぜ深刻化したのか？

そもそもなぜ移民が発生するのでしょうか。

「アラブの春」以降、混乱が続くアラブ諸国では、庶民は窮乏しました。食えない人が手っ取り早く稼ぐ方法は、ヨーロッパ諸国への「出稼ぎ」です。イギリスの植民地だったエジプト人は英語が話せます。アルジェリア人やチュニジア人はフランス語ができます。言葉の壁がないうえに、地理的にも近いので、移民としてどんどん船でヨーロッパに渡っていくのです。さらには、サハラ砂漠以南のアフリカ諸国からも、北アフリカ経由でヨーロッパへ不法移民が押し寄せています。

密航船は、**モロッコからスペイン**に渡るルートと、**チュニジアからイタリア**に渡るルートがあり、決死の覚悟で地中海を渡ってきます。

北アフリカからの移民は、1960年代からすでに活発でした。

当時はまだヨーロッパの景気が良かったので、各国は合法的に移民労働者を受け入れ、パリやローマの郊外に、移民向けの集合住宅が大量につくられました。

現在でもローマに行くと、「ここは本当にローマ?」と疑うほど人種のるつぼです。少し裏道に入ると、1ブロック全体が黒人という地域もあります。フランスも人口の約1割がイスラム教徒ですし、2009年に、イギリスで生まれた男の子の名前でいちばん多かったのが「ムハンマド」でした。イスラム教徒の出生率が高いからです。

石油危機(1973年)以降、ヨーロッパは慢性的な不景気に陥り、仕事が減っていきました。にもかかわらず、出稼ぎでやってきた移民たちはそのまま居座り、家族

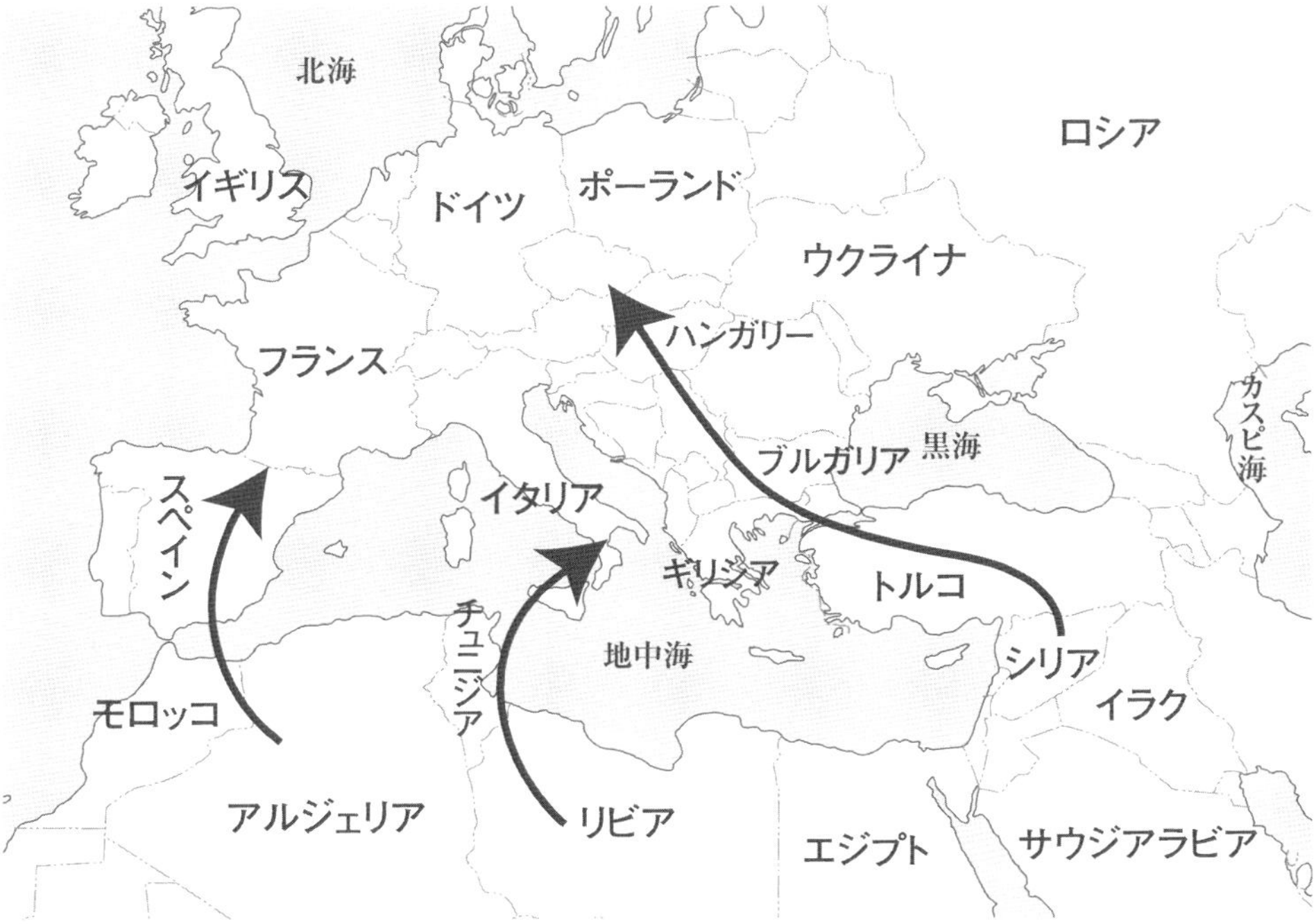

欧州への難民流入ルート

を呼び寄せるケースがほとんど。大きな社会問題となっていったのです。

パリ近郊の移民団地では、失業者の急増により極度に治安が悪化したうえ、暴動も相次ぎます。この結果、もともと住んでいたフランス人が逃げてしまうという事態に陥りました。こうした現象がヨーロッパの各地で発生したのです。

シリア内戦の激化（Q46参照）にともない、ヨーロッパへの移民ルートがもう一本開かれました。**シリア→トルコ→ギリシア→バルカン半島→東欧→ドイツ**、というルートです。2015年以降、数十万人のシリア難民が押し寄せるようになり、通路となったハンガリー、セルビアなど東欧各国では、社会不安が広がっています。

ＩＳやアサド政権から迫害され、あるいは内戦で住む場所をなくした**政治難民**だけでなく、ドイツでの豊かな暮らしを求める**経済難民（移民労働者）**、ＩＳのテロリストも混ざっていて選別ができない状態です。はじめは難民を歓迎するといっていたドイツのメルケル首相も、国境線の封鎖、パスポートチェックの復活に踏み切りました。東欧各国は国境にフェンスを建設して、移民の流入をストップしています。

ヨーロッパは景気が悪いのに、次々と移民がやってくる。ヨーロッパの若者たちは移民に職を奪われて、貧富の差もどんどん広がっていく。

こうした背景から、各国で「偽装難民や不法移民を取り締まれ」という声が大きくなってきました。フランスでは、マリ・ルペン党首が率いる**国民戦線**という移民排斥を唱える政党が大躍進し、大量の難民を受け入れたドイツのケルンでは、２０１５年の大晦日に難民の若者がドイツ女性を集団暴行する事件を起こしました。

仕事もない、白人からは排斥される。移民の若者たちが、ネットを通じてＩＳ（イスラム国）の宣伝ビデオを見たとき、そこに「自分の居場所」を感じてしまう。２０１５年11月、13日の金曜日の夜にパリの劇場とレストランで同時テロを起こした犯人たちは、ベルギーで生まれた北アフリカ系移民の2世、3世でした。背景には、移民問題がもたらしたヨーロッパ社会の矛盾があるのです。

Q29 北アフリカにユーロが広がらないのはなぜか？

「ユーロは東に拡大したのに、どうして南には広がらないのか？」

不思議に思いませんか。

北アフリカのモロッコやアルジェリア、チュニジアといった国々はフランスの植民地だったわけですし、地理的にも近い。言葉だって通じる。北アフリカからの移民もたくさんヨーロッパに住んでいます。

しかし、北アフリカにユーロが導入されることは絶対にありえません。

なぜなら、フランスとアルジェリアでは文明や価値観がまったく違ううえに、経済格差が大きすぎるからです。

日中関係を独仏関係にたとえる人がいます。フランスとドイツの歴史を振り返ると、何度も戦争をしているのに、今ではともにEUの一員として、仲良くできているように見える。同じように日本と中国も仲良くできるはずだという理屈です。鳩山由紀夫元首相のように、日韓中は一緒になって東アジア共同体を構築すべきだと主張する人もいます。

しかし、これらの主張は間違いだと、私は思います。

フランスとドイツの関係がうまくいっているのは、人口規模がほとんど同じで、経済格差がさほどないからです。中世にはフランク王国として同じ国だった記憶があって、宗教も同じキリスト教なので価値観も似ています。

日本と中国は価値観を共有できるでしょうか。

共通するのは漢字を使っていることだけで、文明も思想も異なります。古代から連綿と続く天皇家を宗教的権威として政教分離を確立した日本。野心家が武力によって王朝を建てては、前王朝を粛清する歴史を繰り返してきた中国。

儒教や仏教は、古代中国から日本人が学んだ思想ですが、いまの中国に儒教や仏教の影響は残っていません。共産党政権下であらゆる宗教が弾圧され、特に１９６０年代の文化大革命によって伝統文化が破壊しつくされたからです。今の中国人には神も仏もなく、ただ個人主義と物欲があるだけです。

また、中国が急激に経済発展してきたといっても、一人当たりの豊かさでは、日本と中国ではいまだに大きな格差があります。仮に、日本と中国が通貨統合し、パスポートなしで行き来できるようになったらどうなるでしょうか。

上海の大卒の初任給は、約6万円。地方の中卒だと月給が3000円の世界です。そんな中国人がフリーパスで東京にやってくれば、3~4時間のアルバイトで彼らの1カ月分の給料を稼ぐことができるのです。

多くの中国人が日本への出稼ぎを望むでしょう。仮に中国人の10%が日本に来たとしても、1億4000万人です。日本の人口を軽く超えてしまいますよね。

そうなれば、日本人はたちまち職を失う結果となります。当然、中国系移民は参政権を要求するでしょうから、将来は中国系の日本国首相が生まれることになります。

日中関係をヨーロッパでたとえれば、フランスとアルジェリアです。いくら近い国だといっても、文明も宗教も価値観もすべてが違います。経済格差も大きすぎます。

経済統合や通貨統合の絶対条件は、同じ価値観をもっていること。そして、経済格差があまりないことです。これを無視すれば大混乱が起こることは、ヨーロッパの移民問題ですでに証明済みです。今でさえ大勢の不法移民が入ってきているのに、欧州と北アフリカを経済統合して国境という壁をなくしたら、それこそ収拾がつかなくなるでしょう。ヨーロッパの人たちは、**地中海という防波堤**をなんとしても死守したいと考えているのです。

労働人口減少の解決策として日本でも取りざたされている「移民受け入れ」。机上の空論ではなく、ヨーロッパ諸国の苦い歴史に学ぶことで、冷静に未来を見通すことができると思います。

第2章

台頭するイスラム過激派と宗教戦争

Q30 IS(イスラム国)は何と戦っているのか?

イスラムの過激派武装組織、IS(イスラム国)が、中東のイラクとシリアの国境付近を中心として両国の相当部分を武力制圧し、新国家の樹立を宣言して以来、日本でもIS関連のニュースが大きく取り上げられました。

2015年1月、人質となっていた会社経営者の湯川遥菜さんとジャーナリストの後藤健二さんが相次いで殺害されたという痛ましいニュースは、日本中に衝撃を与えました。

残虐な犯罪行為に手を染めながら勢力を拡大するISに対して、国際社会も包囲網の強化に動き、アメリカ、イギリス、フランス、カナダ、オーストラリアなどの有志国連合に続いて、ロシアも空爆を行いました。

今回のISをめぐる戦いは、イスラム過激派vs欧米諸国(おもにアメリカ)という構図なのでしょうか。

ISは、たしかに欧米諸国の国民を敵と見なして、攻撃対象としています。

しかし、単純に「イスラム過激派vs欧米諸国の戦い」とくくれるほど、問題は単純ではありません。

ＩＳはイラクやシリアの街を制圧し、同じイスラム教徒に対しても残虐行為を働いています。ＩＳにとっては、イスラム教徒も敵の一部なのです。

またサウジアラビア、アラブ首長国連邦、ヨルダン、バーレーン、カタールといったイスラム教の国々が、有志連合の一員としてＩＳに対する空爆に参加しているという事実もあります。

一般の穏健なイスラム教徒も、「ＩＳがやっている行為は単なる犯罪だ」と嫌悪し、「イスラム国」という名称を彼らが使うことは、イスラムに対する侮辱だと考え、「イスラム国」のアラビア語の略称である「ダーウィッシュ」と呼びます。

このような多数派の穏健派イスラム教徒をも、ＩＳは「敵」と見なしているのです。ＩＳの思想は、イスラム世界でも特殊なものであることがわかります。

Q31 シーア派とスンナ派は何が違うのか？

イスラム教には、シーア派とスンナ派（スンニ派）という二大宗派があります。

ＩＳはスンナ派の過激派集団ですので、まずこの２つの宗派の違いを理解しましょう。

シーアは「党派」の意味、スンナは『コーラン』に次ぐ経典の名称です。スンナを重視する者（スンナ派）のことを「スンニ」といいます。だから「スンニ派」という言い方は「スンナ派派」という奇妙な訳になるのですが、マスコミ用語として定着してしまいました。本書では、「スンナ派」で統一します。

ちなみにイスラム教徒の90％がスンナ派、10％がシーア派といわれるように、シーア派は少数派です。

両者の違いを理解するには、イスラム教の成立にまでさかのぼる必要があります。アラビア語で唯一の神のことを**「アッラー」**と呼びます。世界をつくったアッラーのお言葉を受け止めて正しく生きなければならない、というのがイスラム教の教えです。ところが、普通の人間はアッラーの言葉をじかに聞くことができません。

しかし、たまに「ものすごく能力の高い人」があらわれて、アッラーのお言葉を人々に伝えていました。イスラム教では、このような超能力者のことを「預言者」と呼んでいます。神のお言葉を**「預」かる**から、預言者というわけです。

イスラム教徒にとっては、ユダヤ教の指導者であるモーセも、イエス・キリストも預言者の一人という位置づけになります。

そして、最後の預言者としてあらわれたのがムハンマド。そのムハンマドが語ったアッラーのお言葉をまとめたのが**『コーラン』**だと、イスラム教徒は考えます。

それでは、最後のメッセンジャー（預言者）であるムハンマドが亡くなったあと、イスラム教徒たちは何を拠りどころにしたのか。

ムハンマドの**血統を重視するのがシーア派**、**教典を重視するのがスンナ派**です。

Q32 シーア派の特徴とは？

まずはシーア派から説明していきましょう。

「アリーの党派（シーア）」というのがシーア派の語源です。

ムハンマドが亡くなったあと、娘婿《むすめむこ》の**アリー**という人物がムハンマドの後継者となった、というのがシーア派の考え方です。

アリーとは、ムハンマドの従兄弟《いとこ》。ムハンマドは、幼いときに父親を亡くしていて、叔父に引き取られました。その叔父の息子がアリーです。だから、2人は一緒に生活をしていて、ムハンマドはアリーを実の弟のようにかわいがっていました。

ムハンマドには2人の息子がいたのですが、2人とも早くに亡くなっています。そこで、アリーを自分の後継者にしようと考え、自分の娘であるファーティマの娘婿としてアリーを迎えたのです。従兄弟でもあり、娘婿でもある。このエピソードからも、ムハンマドがアリーを寵愛《ちょうあい》していたことがわかりますよね。

ムハンマドの後継者であるアリーは、その後、側近に暗殺されてしまうのですが、直系子孫が12代まで続きます。シーア派は、アリーを初代として、12人の子孫たちを**「イマーム」（指導者）**と呼んでいます。

イマームたちは、ムハンマドやアリーから受け継いだ特殊な能力をもつとされていて、アッラーのお言葉を聞くことができる。シーア派の人々はイマームを神の代理として心から尊敬していたのです。

第11代イマームが亡くなったときのことです。5歳くらいの少年が葬式の場に突如として姿をあらわし、「父親の葬式は息子であり、後継者である私が行います」と挨拶しました。ところが不思議なことに、彼はそのあと、ふっと姿を消してしまったのです。その後、少年を見た者は誰もいません。

この事件以来、「あの少年こそが12代イマームであり、救世主（アル・マフディー）である」と人々の間で信じられるようになりました。

第12代イマームである「アル・マフディー」は、5歳の少年の姿のまま、どこかにお隠れになり、今でも隠れているというのです。これを**「隠れイマーム」**といいます。「第12代イマームであるアル・マフディーこそが最高指導者である」と、血統を重視するのがシーア派なのです。

シーア派の大国といえば、**イラン**です。

イランでは1979年にイラン革命が起きて王政が倒れたのですが、この革命を指導してイランの最高指導者となったのが、**ホメイニ**という人物。彼はシーア派の法学者で、「お隠れになっている第12代イマームの代理人として、国を治める」という名目で権力を握ったのです。

アル・マフディーがお隠れになった8世紀から現代まで、実際にシーア派の指導者として君臨してきたのは、ホメイニのようなイスラム法学者。いつの時代も、学識があって人々の尊敬を集めていた法学者たちが、イマームの代理としてシーア派を率いてきました。

Q33 スンナ派の特徴とは?

血統を重視するシーア派に対して、スンナ派は、教典を重視します。

ムハンマドが語ったアッラーのお言葉を、弟子たちがまとめたのが、『コーラン』という教典です。

そもそも神のお言葉というのは、非常に断片的であって、何を言っているのかわからない部分も多くあります。

たとえば、「女性は美しいところを隠しなさい」という神のお告げがあります。しかし、どの部分が美しいかは、人によってとらえ方が異なります。顔が美しいという人もいれば、うしろ姿や手、あるいは首すじが美しいとする人もいます。だから、どこを隠せばいいかわからない……。

そこで、ムハンマドが「このお言葉は、こう解釈したらいい」と説明したり、実際の行動で示したりした。弟子をはじめ教徒たちは、ムハンマドの言行に従って行動するようになり、やがてそれがイスラム教徒の慣行となっていきました。

このような**慣行や慣例、しきたりのことを、『スンナ』**というのです。

したがって、『コーラン』とスンナに従うイスラム教徒であれば、たとえムハンマドやアリーの直系子孫でなくても指導者になれる、というのがスンナ派の基本的な考え方です。これが、「スンナ派は教典を重視する」といわれるゆえんです。

スンナ派は、「ムハンマドは最後の預言者であるから、そのあとの預言はない」と考えます。「預言のすべてはコーランに書いてあるから、これを研究して守ればいい」という考え方です。非常に合理的な考え方といえます。

一方、シーア派の思想は、極めて神秘的です。お隠れになっている5歳の少年が最高指導者（イマーム）だと信じているわけですから。

合理的なスンナ派からすれば、神秘的なシーア派は理解しがたい存在です。「隠れイマームという存在自体も怪しいし、12人のイマームたちが特殊な能力をもっていたことは証明できない」と考えます。逆にシーア派はこれを、イマームに対する冒瀆《ぼうとく》と感じます。スンナ派とシーア派がぶつかるのは当然なのです。

歴史的に見ても、シーア派は多数派のスンナ派に迫害されてきました。スンナ派政権から見れば、シーア派のイマームは「お尋ね者」ですから、ほとんどのイマームが暗殺、戦死、行方不明など非業の最期を遂げています。シーア派はイマームたちの殉教を悼む祭りを盛大に行い、イマームの墓所を聖地として巡礼します。

Q34 ISは、なぜシーア派を攻撃するのか？

ISは、スンナ派の過激派武装組織です。

だから、最初に敵と考えるのが、シーア派。ISにとって、シーア派はイスラム教を捻じ曲げている「異端」ですから、「あいつらは許しがたい」という発想になるのです。

たとえば、スンナ派では偶像崇拝は一切禁止です。コインに国王の肖像画を入れるといったことは許されません。ところが、シーア派は偶像崇拝に関しては非常にゆるい。シーア派を国教とするイランに行くとわかりますが、空港や街中に指導者であるホメイニ師の肖像がそこら中に飾られています。

スンナ派のISから見れば、神聖なイスラム世界を汚していると映るわけです。

ＩＳが同じイスラム教徒を攻撃している第一の理由は、スンナ派vsシーア派という、イスラム世界で長く続いてきた宗派間の対立なのです。

ＩＳも、ホメイニのイラン革命政権も、同じ「イスラム過激派」として一緒くたにされがちですが、両者は宿敵同士なのです。対ＩＳ戦の最前線で戦っているのは、イランの革命防衛隊です。

イラン革命以来、イラン革命政権を敵視し、その核武装を阻止しようとしてきたのがアメリカです。そのアメリカのオバマ政権が、イランに対する経済制裁の解除に動いたのは、対ＩＳ戦でイランの力が必要になったからです。

Q35 「イスラム原理主義」とは何か？

スンナ派のイスラム教徒はみな、ＩＳのような過激派なのかといえば、もちろん、そんなことはありません。

イスラム教徒の90％を占めるといわれるスンナ派の大多数は、ＩＳの暴力や犯罪行為を嫌悪している穏健派です。ＩＳに参加している戦闘員は、スンナ派のほんの一部の「イスラム原理主義者」と呼ばれている人たちです。

世界中でテロ行為を繰り返しているアルカイダも、イスラム原理主義の過激派組織なのです。

「原理主義（ファンダメンタリズム）」は、もともとキリスト教徒の過激派を指す言葉でした。『聖書』だけを正しいと考え、地動説も進化論も認めないような人たちです。イラン革命以後、欧米化に反対してイスラム復興を主張する運動のことを欧米メディアが「イスラム原理主義」と呼ぶようになったのです。

すべてのイスラム原理主義者がテロを容認する過激派なのではありません。エジプトを中心に活動しているムスリム同胞団のような、穏健な団体もあります。しかし、イスラム過激派の思想的な根っこの部分に、イスラム復興運動があることは否定できません。本書ではこの思想のことを、「イスラム原理主義」と呼びます。

『コーラン』などの経典がまとめられたのは7世紀です。

いくら『コーラン』に従うことが大事だといっても、時代は移り変わります。7世紀の教典に書いてあることが、時代にそぐわなくなることもあるでしょう。

7世紀といえば、日本だと飛鳥時代。『万葉集』の時代のしきたりやルールを現代に適用しようとすれば、当然、無理な部分も出てきますよね。たとえば携帯やパソコンはムハンマド時代にはなかった。そこでこれらを使うことは、教典に反するのかどうか、イスラム法学者が集まって真剣に議論するわけです。

すると、スンナ派の間でも「時代によって、もっとフレキシブルに教典を解釈してもいいではないか」という考え方も生まれてきます。このように現実に合わせて教典の解釈を変えていく考え方を**「世俗主義」**といいます。スンナ派のほとんどは世俗主義で、西欧文明の良いところも受け入れていこうと考えます。

この世俗主義に真っ向から対立するのが、**イスラム原理主義**。

イスラム原理主義者たちは、「7世紀の教典で決められたことを変えてはいけない」というスタンスをとっています。

同じスンナ派同士でも、世俗主義とイスラム原理主義とはまったく相容れないのです。

『コーラン』を勝手に解釈する人間は、ＩＳにとっては「裏切り者」である、「解釈改憲」は許さない、となるわけです。

彼らが仲間同士ですさまじい粛清を行っている理由も、ここにあります。

一般に、敵よりも味方の裏切りのほうが頭にくるものですが、ＩＳも同じスンナ派の裏切り者に対しては容赦しないのです。

Q36　ＩＳが残虐な殺し方をするのはなぜか？

ＩＳは、欧米人や日本人の人質や対立勢力の捕虜をナイフで斬首《ざんしゅ》する映像をインターネット上に公開するなど、その残虐性がクローズアップされました。

確かに、『コーラン』で定められたイスラム法には、「斬首刑」という刑があります。実際、サウジアラビアでは、今もイスラム法廷の判決にもとづいて、殺人犯は剣による斬首の刑に処されます。

ただ、ＩＳのような犯罪集団が斬首をする権利があるかといえば話は別です。そもそもＩＳは国家なのかという問題もありますし、彼らの下した判決がまともなイスラム法学者が出したものかどうかという疑問も残ります。

実際には、単なる復讐、もしくは住民に対して恐怖心を植えつけるのが狙いであると見るべきでしょう。

「ヨルダン人のパイロットが檻に閉じ込められて、火あぶりにされた」というニュースもありました。ＩＳに反抗的なイラクの住民も火あぶりにされています。

「火あぶりの刑」については、イスラム法には存在しません。完全に逸脱した行為です。イスラム法学の最高権威である、エジプトのアズハル大学も、「火あぶりは誤りである」という見解を出しています。

一神教には、「歴史には始まりと終わりがある」という考え方があります。神が世界を創った日を始まりとし（天地創造）、終わりは神が全人類を裁く日（最後の審判）になります。最後の審判の日には、罪人や異教徒、異端者をアッラーが焼くとされています。人を焼くのは神の特権であり、人間が人間を焼くのは神に対する冒瀆《とく》である、というわけです。

私たちから見れば、火あぶりにするのは残酷な行為ですが、イスラムから見れば、残酷という以上に、「神への冒瀆《とく》だ。けしからん」という理屈になるのです。

Q37　なぜＩＳは遺跡を破壊するのか？

「ＩＳが世界遺産の遺跡を破壊した」というニュースがありました。

イラクのハトラではローマ時代のパルティア王国の遺跡が破壊され、有名なシリアのパルミラ遺跡もＩＳに占拠され、遺跡が危機に瀕しています。

２０００年以上も前から残る貴重な遺跡を容赦なく壊しているのです。日本でいえば、伊勢神宮や古墳を爆破するような蛮行です。

ＩＳは、なぜそのような行為をするのでしょうか。

彼らは**古代の遺跡に価値を見いだしていない**。むしろ**あってはならない邪悪なもの**と考えているからです。

イスラム教では、預言者のムハンマドがアッラーの言葉を人々に伝える以前の世界のことを「闇」と考えます。

「ムハンマドがあらわれる以前の世界は、人類が愚かで誤った時代だった。だから、その時代につくられたものは、間違った教えを伝える悪魔崇拝のようなもので、積極的に破壊しなければならない」という論理です。

日本人とは、そもそも歴史観が異なるのです。

日本は民族交代がなく、縄文時代からの文化、習慣、宗教がずっと残っています。縄文人が、弥生系の大陸文化と融合したのが、現在の日本の文化の背骨となっていて、その頃の信仰が神道《しんとう》というかたちで今に引き継がれています。だから、基本的に日本人で神社をぶっ壊せという人はいません。

一方、イスラムの世界は、ムハンマドの登場前後で一度、歴史が途切れています。だから、穏健なイスラム教徒でも、「遺跡が壊されると観光客が減って困る」とは思うでしょうが、日本人が伊勢神宮を破壊されるような痛みを覚えることはありません。

遺跡を壊すことは、「人質を殺害して恐怖を与える」という行為とはまったく別物です。遺跡目当てにやってくる外国人観光客を排除する目的もありますが、イスラム原理主義者の「義務」として行っていると考えるべきでしょう。エジプトには、ピラミッドやスフィンクスの破壊を大まじめに訴える人たちもいるのです。

Q38 「イスラム原理主義」が生まれたのはなぜか？

イスラム原理主義の台頭は、現代にかぎった話ではありません。

世の中が平和なときは、世俗主義が主流の国や社会はうまくまわります。大多数の人が幸せに暮らすことができていれば、国に対する不満や危機感は生まれにくいですよね。

ところが、イスラム世界が危機に陥ると、「このままではいけない」と、イスラム原理主義のような過激な思想が一気に台頭してきます。

イスラム世界が最初に大ピンチを迎えたのは、**13世紀のモンゴル帝国による侵略**です。当時栄華を誇っていたイスラム世界は、モンゴル帝国軍によって徹底的な破壊と殺戮《さつりく》を受けました。同じ時期にモンゴル帝国は、日本にも2度にわたって攻め込んでいます。これを元寇といいますが、あれと同じことがイスラム世界でも起こったのです。

異教徒であるモンゴル人に対して、どう抵抗すべきか模索する中で、イスラム法学者のイブン・タイミーヤという人が、こんなことを唱えます。

「イスラム世界がモンゴル人に攻め込まれているのは、『コーラン』や『スンナ』の教えを軽んじ、われわれが堕落したからに違いない。これはアッラーが与えた罰である。今こそイスラム教徒は教典に立ち戻って、間違った行為を否定しなければならない」

こうして『コーラン』に書かれていないことは絶対に許されないとし、世俗主義のイスラム教徒と対立していきます。これがイスラム原理主義の源流といわれています。

イスラム原理主義が再び台頭してきたのは、トルコ人の王朝・**オスマン帝国**による支配を受けていた18世紀です。

トルコ人はもともと中央アジアの騎馬民族で、オスマン帝国はトルコからバルカン半島、エジプト、アラビア半島まで広大な範囲を支配下に置いていました。

オスマン帝国の国教はスンナ派でしたが、ゆるゆるの世俗主義。

たとえば、『コーラン』で禁じられていた飲酒も黙認されている状態で、シーア派の信仰も黙認されていました。そうしなければ、さまざまな民族、宗教が混在する広大な領地を支配することができなかったからです。

しかし、支配下に置かれたアラブ人にとってはおもしろくありません。特にイスラム教の聖地・メッカがあるアラビア半島のアラブ人たちは、猛烈に反発します。「預言者ムハンマドがお生まれになった聖地を、ゆるゆるの世俗主義のトルコ人が支配しているのはけしからん」というわけです。

こうしてアラビア半島で、オスマン帝国の支配から脱しようという**ワッハーブ運動**が起きます。

ワッハーブとは、18世紀のイスラム法学者で、『コーラン』の専門家だった人物。イブン・タイミーヤから多大な影響を受けたイスラム原理主義者です。「今のアラビア半島は、ムハンマドの生まれたときと同じで、アラブ人がまとまっていないからオスマン帝国によって侵略されたのだ」と言って、『コーラン』の教えに立ち返ることを提唱しました。

ワッハーブの考えに乗っかって、アラビア半島に聖なるイスラム国家を再建しようと立ち上がったのが、アラビア半島中央部のネジド地方を治める豪族**サウード家**。オスマン帝国が支配するメッカに攻め込むなどして、アラビア半島を統一していきます。Q40でくわしくお話ししますが、これが今のサウジアラビアの起源です。

こうしたワッハーブの思想の流れをくむのが**ワッハーブ派**で、スンナ派の中でも最も原理主義的な一派です。

このワッハーブ派を源流として、現代のアルカイダやＩＳといったイスラム原理主義を掲げる過激派組織が生まれることになるのです。

Q39 アルカイダやISが近年、台頭してきたのはなぜか？

イスラム原理主義は、過去に何度も台頭しては消えていったのですが、近年、アルカイダやＩＳなどイスラム原理主義を掲げる組織が勢力を拡大してきたのは、どこに原因があるのでしょうか。

根っこがなければ草木は成長しないように、原因がなければ、イスラム原理主義は台頭してきません。大きな視点から見ると、理由は２つあります。

ひとつは、**イスラム世界の近代化**。

19世紀になるとオスマン帝国は勢力が衰え、ヨーロッパ諸国との戦争に負け続けます。そして、第一次世界大戦ではドイツと組んで、イギリス、フランス、ロシアを敵にまわすことになり、結果、オスマン帝国は解体されてしまいました。

ヨーロッパの国々の植民地になったイスラム世界には、ヨーロッパの資本や産業が流入してきて、必然的に近代化されていきます。近代化は、すなわち西洋化を意味しますから、大きな顔をする異教徒の西洋人に対して、イスラム教徒が反発して『コーラン』に戻ろうとするのは当然です。**ペリー来航に衝撃を受けた幕末の日本人が、「尊王攘夷」を掲げて外国人を襲撃したのと同じメンタリティー**です。

もうひとつの理由は、**富の不均衡**です。

産業が近代化されれば、うまく流れに乗った人は儲かって、裕福になっていきますが、流れに乗れなかった人は、落ちぶれていきます。近代化によって貧富の格差が広がってしまったのです。

本来、イスラムの教えでは、アッラーの前での平等が第一で格差は否定しています。紀元前1700年代のバビロニアの『ハンムラビ法典』には、「目には目を、歯には歯を」という有名な一節がありますが、「やられたことはやり返せ」という規定です。「和をもって貴《たっと》しと……」（聖徳太子『十七条憲法』）という文化はありません。

そのような殺伐とした世界で、「殺し合いや奪い合いはやめて、仲間同士助け合おう」というイスラム教の教えはものすごく新鮮だったのでしょう。

イスラム教徒は一部の人間が裕福になることを許しません。

アラビア語で「寄付」や「寄進」のことを**ザカート**といいます。ザカートは、メッカ巡礼や断食、礼拝と並ぶイスラム教徒の義務です。

だから、アラブの王たちが富を独占して人民に分配しないのは「イスラム法に反する行為」ととらえ、「政権打倒の革命を起こしてもよい」という理屈になるのです。

イスラム教には、「平等」「分配」という考え方が徹底しているので**富の不均衡に対する反発が、イスラム原理主義の台頭する素地**となっているのです。

Q40　サウジアラビアがアメリカと協力する理由とは？

アラビア半島の豪族であるサウード家と、イスラム原理主義の源流であるワッハーブ派の融合がサウジアラビアの起源です（Q38参照）。

サウジアラビアという国名も「サウード家のアラビア」という意味です。「アラビア半島にイスラム国家を再建しよう」というサウード家の戦いは、凄惨を極めた宗教戦争でした。

オスマン帝国に支配されていた聖地メッカに攻め込んだとき、宗教指導者を聖人として崇拝することを異端として弾圧し、それらを祀《まつ》っていた祠《ほこら》などをすべて壊しました。同じアラブ人であっても、抵抗する住民は容赦なく殺戮しています。

現在ＩＳがやっていることと同じです。

スンナ派の中でも厳格なワッハーブ派ですから、7世紀の『コーラン』の教えに従って、女性はベールを被らなければなりませんし、酒を飲んだ者は鞭打ち、盗みの常習者は手首切断、殺人犯は斬首となります。

サウジアラビアは、イスラム原理主義の過激派が建てた国だったのです。

その意味では、現在のＩＳが、１００年後に今のサウジアラビアのような国家になっていてもおかしくありません。

このようなイスラム原理主義国家サウジアラビアは、同時にアラブ世界で最も親米的な国家でもあります。

なぜ「異教徒」のアメリカと長い間、協力関係にあるのでしょうか。

湾岸戦争以来、米軍の基地がサウジアラビア国内に置かれ、イラク戦争のときも、サウジアラビアの米軍基地がイラク攻撃の基地となっていました。

謎を解くキーワードは、**石油**です。

もともと砂漠ばかりで、たいした産業もないアラビア半島で、どのように国を運営していけばいいか思案していたサウード家は、あるアイデアを思いつきます。

「欧米人に石油を掘らせて、利益を山分けする」というものです。

結局、アメリカの石油資本と手を組んだサウード家の王族たちは、どんどん石油を掘らせて莫大な利益を得ることに成功しました。

サウード家の王族たちは贅沢な暮らしにおぼれていきます。教典で禁じられている酒を飲んだり、妾《めかけ》を何十人も囲ったりと、どんどん堕落していったのです。

厳格なワッハーブ派だったサウード家が堕落するのを見た過激派が、1979年、メッカのカーバ神殿を占領し、サウード家打倒を謀ったこともありましたが、サウード家の軍隊につぶされています。

つまりサウード家は**建前としてはワッハーブ派ですが、実はアメリカの石油資本とべったりの関係**にあります。アメリカは石油が、サウジアラビアは安全保障が得られるという相互依存の関係ができあがっているのです。

だから、厳格なイスラム原理主義を標榜するアルカイダやISは、堕落したサウード家を倒したいと思っているはずです。

ちなみに、サウジアラビアには、憲法も国会も選挙もありません。「統治評議会」という国王任命の諮問機関はありますが、国民が選挙で選ぶ議会ではありません。

政府の閣僚や県知事のポストは、すべてサウード家の人間で占められ、サウード一族は贅沢三昧の暮らしを続けています。

平等が第一であるイスラムの教えがあるにもかかわらず、なぜサウード家は国民の反発を買わずに、長年、国を維持してこられたのでしょうか。

国民に富を分配しているからです。

石油から得た莫大なオイルマネーで、教育や医療を無料にするなど、国民に還元しているから、なんとか国が治まっているのです。

そういう構図を考えれば、サウジアラビアとアメリカは、切っても切れない関係にあります。アメリカの石油資本が撤退すれば、国の存続が危うくなるわけですから。

Q41 なぜイラクからISが生まれたのか？

ＩＳが誕生した直接的な原因は、２００3年に始まった「イラク戦争の失敗」にあるのですが、根本的な原因は、オスマン帝国がイスラム世界を支配していた時代までさかのぼります。

19世紀当時のオスマン帝国は、トルコからバルカン半島、エジプト、アラビア半島まで広大な範囲を支配下に置いていました。オスマン帝国の支配層はトルコ人でしたが、支配下にキリスト教徒のヨーロッパ人もいれば、アラブ人やクルド人もいるという多民族国家でした。特定の宗派ばかりを優遇すると反乱が起きてしまいますから、世俗主義でゆるく国を治めていたわけです。

20世紀初頭の第一次世界大戦で、ドイツ側についたオスマン帝国はイギリス、フランス、ロシアなど連合国と戦うことになります。そこで、連合国側は、オスマン帝国を混乱に陥れようと考え、アラブ人の民族独立運動を煽り、オスマン帝国を崩壊へと導きました。

この戦争のさなか、イギリスとフランスの間で、ある密約が交わされました。オスマン帝国を倒したあとに、アラブ人の住む地域を山分けにしようという談合です。エジプトはすでにイギリスが押さえていたので、そのほかのアラブ人居住地を、英・仏が勝手に線を引き、分割しました。

具体的には、シリアとレバノンはフランスが取り、その南側のヨルダンとイラクはイギリスが取る。そして、ヨルダンの地中海側のパレスチナには、あとでヨーロッパからユダヤ人を送り込む。これをアラブ人には内緒で決めてしまったのです。

これを**サイクス・ピコ協定**というのですが、イギリスの目的は、当時のイギリスにとって最も重要な植民地であったインドへのルートを確保することにありました。イギリスからインドに商品を輸出したり、万一反乱が起きたときに鎮圧するために、インドへと通じる道が必要だったのです。

アラブ人居住地をうまく分割すれば、地中海からヨルダンに入り、ヨルダンとイラクの間に鉄道を敷いて、ペルシャ湾からインドに到達することができます。

このとき**イギリスとフランスが「定規で引いた線」が、今のシリアとイラクの国境線**になっています。国境線が直線的なのは、こうした歴史があるのですね。

イギリスとフランスは自分たちの都合を優先して国境線を引き、そこに住む民族や宗派を無視していました。したがって、適当に引かれた線で誕生したイラクという国には、南東部にシーア派、西部にスンナ派、北部にクルド人、というように異なる民族や宗派が混在する結果となったのです。なお、クルド人はスンナ派ですが、イラン系の少数民族なので、アラブ人とは対立関係にあります。

異なる民族や宗派の住民たちがいきなり「今日からおまえたちはイラク人だ」と言

アラブ人居住地の分割を決めたサイクス・ピコ協定

われてできた人工国家。これがイラクです。

もともと、まとまるわけがありません。

あとでくわしくお話ししますが、その後、イラン・イラク戦争、湾岸戦争、イラク戦争などを経て、イラクは混迷を極め、結果的にISの拠点となっていきます。これらは、ヨーロッパ人によって勝手に引かれた国境線にすべての元凶があるといっても過言ではありません。

ISが、「サイクス・ピコ協定で引かれた国境を認めない」と言って、支配地域を暴力的に広げてきた裏には、このような歴史的背景があるのです。

Q42 サダム・フセイン大統領が支持された理由とは？

イギリスとフランスによって分割された国々には、それぞれアラブ人の国王が擁立されます。イラクにはメッカ出身の**ハーシム家のファイサル王子**が、ヨルダンには**ファイサル王子の兄であるアブドラ王子**が、イギリスによって指名されました。「あなたが今日からイラク王」「あなたが今日からヨルダン王」といった具合です。

日本人の後藤健二さんの人質交渉で注目を浴びた、ヨルダンのアブドラ2世国王は、イギリスが擁立したアブドラ1世の子孫です。

イラク王もヨルダン王も、当然、イギリスにべったり。「石油が見つかったら、イギリスに採掘権を与えろ」と言われれば素直に従うしかないため、石油利権を外国資本に売り渡し、利益を分けてもらい、私腹を肥やしていました。

構図はサウジアラビアのサウード家に似ていますが、ハーシム家の失敗は、利益の分配をほとんどしなかったことです。民衆の間では不平不満がうずまき、「政権を打倒しろ！」という声が高まります。

特にイラクは、もともとまとまりようのない状態でしたから、1958年に軍のクーデターが起き、イラク国王は処刑されました。それ以来、イラクの革命政権は共和制を敷いて、石油を国有化することになったのです。

このようなアラブの革命が、1950年代にエジプトをはじめ各地で発生するのですが、これを裏で操っていたのがソ連（共産主義ロシア）です。1950年代といえば、米ソ冷戦の真っ最中。**ソ連の野望は、世界最大の油田地帯であるアラブの国々をアメリカやイギリスから奪い取ること**でした。

だから、イラクの親英・親米王政が崩壊したのを見て、いちばん喜んだのはソ連だったのです。アラブの革命政権はソ連型の社会主義を模倣し、ソ連製の武器やミサイルを買って、ソ連に石油を売るようになっていきました。

イラクの場合、**ソ連とつながったのがサダム・フセイン**でした。イラク革命政権の最後の大統領です。

サダム・フセインは強力な独裁体制を敷いていました。それにも理由があります。イラクではシーア派の人口が約6割で最も多く、スンナ派は少数派でした。スンナ派の大統領だったフセインは、独裁をしないと国を運営することができなかったのです。選挙をすれば、確実に負けてしまいますから。

サダム・フセインはまた、スンナ派の世俗主義を貫きました。女性はベールを外し、教育も受けるべきだと、「男女平等」を推進したのです。

宗教差別や民族差別も撤廃し、「スンナ派もシーア派もクルドも関係ない。みんなイラク人だ」と教育しました。しかも、フセイン大統領の側近だったアジズ副首相兼外相は、なんとキリスト教徒でした。そういう意味で、フセイン政権は非常に世俗的、脱宗教的な政権だったといえます。

さらに、石油利権で手に入れた富は、国民にもある程度分配していました。

欧米メディアの報道ではダークなイメージの強いサダム・フセインですが、実は、それなりに国民の人気を集めていたのです。

Q43 なぜイラクはイランに戦争を仕掛けたのか？

うまく国を治めてきたサダム・フセインですが、転落していくきっかけとなった出来事がありました。

1980年から1988年まで続いた**イラン・イラク戦争**です。

戦争の引き金を引いたのは、１９７９年に起きたイラン革命です。それまでのイランは、西欧化された**パフレヴィー王朝**の親米政権が治めていました。欧米の石油資本と利権を山分けし、富を独占していたのですが、それに怒った民衆が革命を起こしたのです。石油利権を独占した国王が処刑されたイラクとまったく同じ構図です。

しかし、イラン革命で政権を握ったのは親ソ派ではなく、シーア派の法学者であるホメイニという人物でした。イランではシーア派が圧倒的多数派だからです。イラン革命によるシーア派政権の樹立は、アラブ諸国で抑圧されてきたシーア派住民に希望を与えます。

隣国のイラク東部には、シーア派の住民がたくさん暮らしていて、イラク国内で最大宗派でした。もしも、イラク国内のシーア派が「ホメイニ万歳！」と言って、イラン側に寝返ったら、イラクが大混乱に陥るのは避けられません。

そこでサダム・フセインは、**イラン革命の影響を食い止めるためイランに攻め込んだ**のです。これが、イラン・イラク戦争の始まりです。アメリカはこのとき、イランのホメイニ政権を倒すため、サダム・フセインのイラクに兵器を供与しています。

戦いは8年間にも及びましたが、結局、イラクは敗北しました。イランのほうが戦争に注ぎ込む資金をたくさんもっていたからです。資金源は石油です。油田をたくさんもっていたから、イランは勝てたのです。

イラクも石油はもっているのですが、この地域で最も多くの石油が眠っているのは、ペルシャ湾沿岸の海底です。117ページの地図で見比べるとわかりますが、イランのほうがペルシャ湾に面している海岸線が圧倒的に長い。イランは石油の量で勝っていたのです。

さらに、イラクとイランの中間、ペルシャ湾に面した地域に小さな国があります。クウェートです。イラクから見れば、最も石油が出るところに位置するクウェートは邪魔な存在なのです。

実は、**クウェートという国も、イギリスが人工的につくった国**です。

第一次世界大戦後にイギリスは、自分たちに都合のいいようにイラクやヨルダンの国境線を引きましたが、同様にペルシャ湾の石油利権を手に入れるために、クウェートというミニ国家をつくったのです。

地元の部族長のような立場から国王に昇格したクウェート王は、石油の利益を山分けしてもらっているので、徹頭徹尾、親米・親英政権です。当時のイギリスと同じようなことを日本も行っていました。

1930年代、日本は満州を占領したあと、中華民国に追われて日本に亡命を求めていた、清朝最後の皇帝・満州人の溥儀《ふぎ》を担いで**満州国**を建てました。国際的な非難を避けるために、建前は独立国家の形をとっていましたが、本当は満州にある石炭などの地下資源がほしかった。だから、独立国家であるにもかかわらず、日本軍が駐留し、日本の企業が地下資源を掘り続けていたのです。

イギリス人を団長とする国際連盟の**リットン調査団**が満州に派遣されて、調査を行いましたが、満州の前にイラクやクウェートを調査しろ、という話です。

Q44　湾岸戦争でのアメリカの本当の狙いは何だったのか？

クウェートの存在は、イラクにとっておもしろくありません。

イラクから見れば、「同じアラブ人なのにアメリカやイギリスに尻尾を振っている」と映りますし、イランと戦っている最中にクウェートが石油の値段を釣り上げて儲けていたことも、イラクにとっては「けしからん」という気持ちだったでしょう。

堪忍袋の緒が切れたサダム・フセインは、とうとうクウェートに攻め込んでしまいます。「そもそもクウェートとの国境は、イギリスが勝手に引いたものだから認められない！」という論理です。

クウェートがすぐにアメリカとイギリスにＳＯＳを求めると、米英が国連安保理決議を通してしまいます。イラク側に立つと思われたソ連のゴルバチョフ書記長は、アメリカとの冷戦終結を優先し、イラクを見捨てたのです。こうして多国籍軍が編成され、クウェートへ乗り込んできます。

これが**湾岸戦争**（１９９１年）の始まりです。

欧米メディアには、イラク軍がクウェートに対してすさまじい残虐行為を働いているという報道が流れます。

「クウェートの石油施設をイラク軍が空爆し、水鳥が油まみれになっている」

そんな映像が繰り返し報道されました。

こんなこともありました。

15歳のクウェート人の女の子が、アメリカ議会で涙ながらに証言したのです。

「クウェートの病院にイラク兵が乗り込んできて、医療設備をもち去ったんです」

「小児病棟では保育器の中にいた赤ちゃんをイラク兵が引きずり出して、床に叩きつけたんです」

議員の多くが涙を流し、「フセイン政権を倒すべき」と米軍の派遣を決めたのです。

このようにイラクに不利な情報ばかりが流されたことで、国連安保理もイラクへの武力行使を認めました。結果として米英軍をはじめとする多国籍軍にイラクは屈し、クウェートからの撤退を余儀なくされました。

しかし、戦争終了後、さまざまな事実が明るみに出ました。

まず、油まみれになった水鳥の報道。これは、イラク軍の空爆ではなく、アメリカ軍の空爆によって、石油施設が破壊されたことが原因でした。にもかかわらず、イラク軍の仕業だと報道したのです。

次に、ナイラという15歳の女の子の証言。これもすべて嘘だとわかりました。

証言した女の子はアメリカ駐在クウェート大使の娘で、そのときクウェートにはいなかったのです。しかも、アメリカの広告代理店の人間が、証言する前にリハーサルをさせ、「ここで泣いて」と演技指導までしていました。

湾岸戦争では、巧みな情報操作、戦争プロパガンダが行われていたのです。

湾岸戦争でクウェートから撤退したのち10年以上もの間、フセイン政権は経済制裁を受け続け、国内経済はズタズタになり、さらにはアメリカの支援を受けた国内のシーア派やクルド人の突き上げも受けていました。

そんな状態でも、なんとかフセイン政権はもちこたえてきました。

10年後、2001年9月11日、アメリカで同時多発テロが発生します。テロをアルカイダの仕業だと断定したアメリカのブッシュ大統領は、イギリス軍と一緒にまずアルカイダの本拠地があるアフガニスタンを空爆します。

続いて、2003年、アメリカは**イラク戦争**を始めます。

「イラクのフセイン大統領がアルカイダと手を組んで大量破壊兵器（核・生物・化学兵器）をつくっている。これがビン・ラディンたちの手に渡る前に、阻止しなければならない」というのが理由でした。

圧倒的軍事力を誇るアメリカに直接攻撃されたイラク軍は崩壊します。首都バグダッドは陥落し、地面に穴を掘って潜伏していたサダム・フセインはとらえられ、反政府勢力に引き渡されて処刑されました。

ところが、その後の調査では、大量破壊兵器の製造も、アルカイダとの関係も確認できなかった。情報は嘘だったのです。

結局、イラクの革命政権が倒れ、シーア派中心の親米政権が生まれることになりました。そして、それまで国有だった油田はアメリカ資本の手に渡りました。この戦争の意味は、**親ソ政権に国有化されていたイラクの石油利権を、アメリカが取り返した**だけの話です。

こうしてイラクの歴史を駆け足で振り返ってきましたが、米英の利権獲得のためにいかにイラクが振り回されてきたか、ということがわかります。

もちろん、武力を使ってクウェートに侵攻するといったサダム・フセインの行為は許されるものではありませんが、そもそも勝手に国境線を引かれたことから、すべての悲劇が始まっているといっても過言ではありません。

「サダム・フセインは悪」「米英が独裁者からイラクを解放した」などという単純な

話ではないのです。

Q45 ISの戦闘員はどこから集まってくるのか？

ここまでの話を理解してもらえれば、「ISがなぜ生まれたのか」「戦闘員は何者なのか」という疑問も解けてきます。

ISが生まれた直接的なきっかけは、イラク戦争です。

スンナ派であるサダム・フセインのイラク政権が崩壊したことを最も喜んだのは、イラク国内のシーア派とクルド人でした。

多数派として政権を握ることになったシーア派は、これまでフセイン政権下で肩身の狭い思いをしてきた恨みがある。だから、仕返しとばかりに、それまでフセイン政権で恩恵を受けてきた人々を政権から排除し、その結果、西部に多いスンナ派の住民の不満が高まります。

こうした状況を背景に、旧フセイン政権の多くの軍人たちがシーア派政権に対する抵抗運動を始めるために、武器をもったままISと合流していったのです。

ＩＳの戦闘員が、戦車を乗り回したり、武器を自在に使いこなせるのは、旧フセイン政権下で鍛えられたプロの軍人がたくさんいるからなのです。

ただ、旧フセイン政権は世俗主義でしたので、合流した軍人たちは、ＩＳと同じスンナ派ではありますが、原理主義的ではありません。

旧フセイン政権の軍人たちは、思想の面でＩＳと共感しているわけではありません。とにかくシーア派政権を倒したい、という一心で手を組んでいるのです。

一方、ＩＳの中核メンバーは、過激なイスラム原理主義者たちです。彼らが、アルカイダの影響を受けているのは間違いありません。

アルカイダの本拠地はアフガニスタンですが、「イラクのアルカイダ」という支部組織みたいなものがイラク戦争後に生まれました。

小泉政権のとき日本は、イラク戦争後の復興支援を目的に、自衛隊をイラクに派遣しました。このとき、「日本はアメリカ主導の十字軍に加わるのか！」と反発し、一人旅をしていた日本人の若者を拉致・殺害したのが、「イラクのアルカイダ」です。

この「イラクのアルカイダ」が、のちに名前を変えて、ＩＳとなったのです。

つまり、**ＩＳはイスラム原理主義のアルカイダ系過激派組織と旧フセイン政権の軍**

人がくっついて、急速に勢力を拡大していった組織といえます。

Q46 ISがシリアに拡大したのはなぜか？

ＩＳは、「イラクとシリアのイスラム国」とも称したことからわかるように、シリアにも勢力を拡大しています。

もともとシリアも、英・仏の密約で人工的につくられた国です（Ｑ41参照）。大多数をスンナ派が占めていますが、独立以来ずっと政権を担ってきたのは、アラウィ派という少数派です。

アラウィ派というのは、シリア独特の宗派で、シーア派に近いけれども少し違う。シリアの地中海沿岸はかつて十字軍が占領していたことがあり、キリスト教の影響が強いのが特徴です。それゆえに、アラウィ派の人たちは、キリスト教に対してさほど違和感をもちません。

それを利用したのがフランスです。

第一次世界大戦後にフランスがシリアを勢力圏にしたとき、アラウィ派の人はわりと協力的だったので、彼らを優遇しました。そして、スンナ派を抑え込むために、アラウィ派の人たちに軍事訓練を施したのです。

その後、フランスから独立してからも、アラウィ派の軍事政権は存続します。このような体制でまともに選挙をしたら、少数派の彼らは負けてしまいます。だから、ずっと独裁と軍事力で国を治めてきたのです。こうして生まれたのが、**アサド家による軍事独裁政権**。少数派が多数派を抑え込む形になったのです。

アサド家の2代目バッシャールは、イギリスに留学して医学を学び、親欧米派と見られていました。

ところが、2011年以降に北アフリカや中東地域で起きた**「アラブの春」**によって、一気に風向きが変わります。アラブの春とは、独裁政権に対する一連の民主化運動のことです（Q26参照）。

民主化運動は、北アフリカのチュニジアに始まり、エジプト、リビア、イエメンと次々に飛び火したわけですが、とうとうシリアにも火の粉が飛んできました。

実は、この「アラブの春」を裏で仕掛けていたのは、アメリカとイギリスだといわれています。

東西冷戦中、シリアのアサド政権はソ連とくっつきました。イラクのサダム・フセインと同じです。アサドは冷戦後も生き残り、ロシアのプーチンとくっつきました。

それがおもしろくないアメリカとイギリスは、これまで独裁政権によって抑圧されてきた人々を煽り、親ソ（親ロシア）政権を次々と倒していきます。イラクもつぶし、エジプトもつぶし、ついにはカダフィ大佐のリビアもつぶした。

そして、残された**中東最後の親ロシア独裁政権がシリアのアサド**なのです。

シリアの民主化運動は2011年以降活発になり、シリアは騒乱状態に陥りました。これで勢いづいたのは、これまでアラウィ派によって抑圧されてきたスンナ派です。反政府勢力として、アサド政権を攻撃します。

シリアのスンナ派とイラクのスンナ派は、もともと宗教も民族も同じです。英・仏のサイクス・ピコ協定によって、「シリアとイラクに分割する」と勝手に線を引かれたにすぎないのですから。

だから、イラク戦争後にシーア派政権によって抑圧されてきたイラクのスンナ派の武装勢力が、シリアの混乱に乗じて国境を越え、反アサド運動に次々と加わっていったのです。

内戦状態のシリアは実質的に無政府状態で、アサド政権が押さえているのは首都のまわりだけですから、国境はフリーパス。次々と周辺地域からＩＳなどの過激派組織も流れ込んできます。

こうしてイラクからシリアに進出してきたＩＳと、もともとシリアで反政府運動をやっていたスンナ派の人々が合流することになりました。

ＩＳはシリアに浸透し、「イラクとシリアの国境線は認めない。真のイスラム国家をつくる」という主張を現実のものにするために、シリア・イラク国境で勢力を拡大していったのです。

Q47 「クルド人」とは、どんな民族なのか？

ＩＳ関連のニュースを見ていると、よく登場するのが「クルド人」です。

クルド人というのは、トルコとイラク、イラン、シリアの国境地帯にまたがって住む少数民族です。少数民族とはいっても、人口は約３０００万人といわれていますから、ヨーロッパだったらポーランド程度の人口をもっています。**国をもたない世界最大の少数民族が、クルド人**なのです。

クルド人の大多数はスンナ派ですが、ヤジディ教というクルド独特の宗教もあります。アラブ人とは民族が異なり、言葉は通じないため、同じスンナ派のイラクの中では異民族として扱われます。民族的にはイランに近いのですが、イランはシーア派なので、イランとも一緒になることはできません。

そんなクルド人の民兵が、ＩＳと戦闘を続けています。

クルドの信仰や伝統的な習慣は、アラブ人とはかなり異なる部分があります。なかでも特徴的なのは、男女同権の意識が強いこと。だから、クルドには女性兵士がいて、ＩＳとも勇敢に戦っている。アラブの世界ではあり得ない話です。

こうした独特の文化が『コーラン』に反する、という理由でＩＳはクルド人を迫害し、一方でクルド人も必死で抵抗しているのです。

Q48　なぜクルド人は独立国家をもてないのか？

クルド人が自分たちの国家をもてないことに対して「なぜ？」と思う人が多いかもしれません。３０００万もの人がいれば、立派な国として成立するではないか、と。

クルド人の国家が存在したのは、12〜13世紀にかけてのこと。

エジプト、シリア、イエメンなどの地域を支配していた**アイユーブ朝**が、歴史上、最後のクルド人国家です。**サラディン**という伝説的な勇者が建国し、十字軍から聖地を奪回しています。しかしそれ以降、クルド人の独立国家は誕生していません。

第一次世界大戦中、サイクス・ピコ協定でオスマン帝国を解体したとき、イギリスやフランスの間で「クルド人の扱いはどうするか?」と議論になりましたが、結局、トルコ共和国とイラクに分割されてしまいました。

その後、クルド人が居住する**キルクーク**で油田を発見したイギリスは、石油利権をめぐってイラク革命政権と対立し、クルド独立支援へと方向転換したのです。

イラク内戦は、クルド人にとって数世紀ぶりにめぐってきた独立のチャンスです。アメリカやイギリスはＩＳに対して空爆を行っていますが、リスクの高い地上軍は送り込みたくない。だから、ＩＳと対立しているクルド人を応援しています。「クルド人が頑張ってＩＳを撃退してくれれば、それでいいではないか」というわけです。

もしもクルド人の活躍によってＩＳを壊滅させることができれば、報酬としてクルド人の独立が認められ、13世紀以来のクルド独立国家が誕生するかもしれません。

Q49 アメリカがシェールガス開発にこだわる理由は?

アメリカは、ＩＳに対する空爆は実施していますが、地上軍は投入していません。２０１５年に入ってから地上部隊の派遣を可能とする決議案を議会に提出したオバマ大統領は、「作戦期間は3年」「任務は人質の捜索や救出だ」と本格的な戦闘には加わらないことを強調しています。

なぜ、アメリカは地上軍の派遣に消極的なのでしょうか。

理由は2つ。

ひとつは、アメリカがこれまで中東に関わることによって、散々失敗してきたこと。ホメイニを倒そうとしたらサダムに裏切られて、サダムを倒したらＩＳが出てくる。ひとつの敵をつぶすと、また新しい敵が出てきてしまうということを、身をもって学んだのです。「もううんざりだ。中東には手を突っ込みたくない」という厭戦《えんせん》気分が、アメリカ国内に充満しているのです。

また、オバマ大統領は「イラク戦争は失敗だった。だから、イラクからアメリカ軍をすべて引き揚げる」と公約して大統領選で当選しています。ノーベル平和賞までもらってしまった。ＩＳ壊滅のために、またイラクに地上軍を派遣したら公約違反になってしまうので決断できないのです。

もうひとつの理由は、中国の存在です。

どの国もそうですが、２つの地域で戦うという「二正面作戦」はリスクが高すぎます。

今、アメリカがいちばん警戒しているのは中国の海洋進出です。

中国の膨張に備えるために、中東のごたごたには巻き込まれたくない、というのが本音。逆にいえば、**「アメリカは、中東のごたごたに巻き込まれてほしい」と中国は思っている**のです。

中国を警戒し始めたアメリカは、できれば中東とは関わりたくないと思っています。そのためには、石油を中東以外の場所から確保しなければならない。

そこで、今アメリカが躍起になっているのが、シェールガスの採掘です。

シェールガスとは、頁岩《けつがん》と呼ばれる堆積岩の層から採取される天然ガスのことで、原油に代わる新エネルギーとして開発を急いでいます。

ところが、あまり見通しは明るくありません。ひとつのガス田は3年くらいで枯渇してしまうため、どんどん新しく掘り続けなければなりません。つまり、コストが高くつくというわけです。しかも、地下で頁岩層を破壊するため、地下水の汚染のような環境問題も大きな課題になっています。

Q50 なぜアメリカはイランの核開発を黙認するのか？

中東から手を引きたいアメリカがとっている戦略が、ISの敵対勢力を応援すること。できるだけ自分たちの手を汚すことなく、打倒ISを実現したいというわけです。

ISの敵対勢力といえば、まずはクルド人。そして、シーア派です。だから、イラク国内のシーア派を積極的に支援しています。

本来はシーア派寄りのシリアのアサド政権も応援すべきですが、アサド政権のバックにはロシアがついています。プーチン大統領の影響力拡大は面倒なので、アメリカは積極的にシリアを応援できません。

そこで、一気にクローズアップされるのが、シーア派のボス的存在である、**イラン**

です。

アメリカとイランといえば、長年対立関係にあったはずです。

１９７９年以前のイランの**パフレヴィー王朝**は、中東における最大の親米政権で、アメリカべったりでした。ところが、１９７９年に**ホメイニ**がイラン革命を起こし、親米王政を倒したため、イランとアメリカは「敵対関係」に転じます。

それ以降、アメリカを中心とする西側諸国がイランに経済制裁をし、密かに核兵器開発を進めるイランへの核兵器やミサイルなどの軍事関連の輸出を禁止したり、イランの金融機関を国際的な取引から締め出したりといった措置をとってきました。イランは国際キャッシュカードが使えないなどの不利益をこうむってきたのです。

ところがＩＳの出現を契機に、**アメリカのオバマ政権がイランと急速に接近を始め経済制裁の解除に踏み切りました。打倒ＩＳ**という利害関係で一致しているからです。

アメリカにとっては、ＩＳもイランも両方とも敵であることに変わりはありませんが、どちらかといえばアメリカ人を次々に人質にとって処刑するＩＳの壊滅のほうが優先事項。だから、ＩＳを叩くために、イランの核開発については目をつむるというわけです。

Q51 アメリカとイランの接近で、中東の「パワーバランス」はどう変わる？

アメリカとイランが接近することは、中東におけるパワーバランスを大きく変えることになります。

中東で孤立するイランのシーア派政権にとって、身を守るための最大の手段は核武装です。アメリカはこれを許さず、厳しい経済制裁を長年イランに科してきました。

しかし、ＩＳ壊滅作戦に協力するイランは、「その代わりに核開発を黙認しろ」と言ってくる。２０１５年、イランは核開発の「凍結」で合意し、欧米諸国は経済制裁の解除に動き出しました。

イランの核兵器を最も恐れているのは、**イスラエル**です。

ユダヤ人国家であるイスラエルの敵は、大きく分けて2つあります。

ひとつは**ハマース**。パレスチナ難民の武装組織で、スンナ派のイスラム原理主義を掲げ、アルカイダとつながりがあります。イスラエルの国家承認と和平に反対し、イスラエルに対するロケット砲攻撃や自爆テロを行ってきました。

もうひとつは、**ヒズボラ**。こちらは、レバノンを拠点とするシーア派の過激派組織です。ヒズボラもイスラエルに対してテロ行為を繰り返しています。ヒズボラに対して武器などを援助しているのが、シーア派の盟主であるイランです。

イランから武器がどんどん流れてくるということは、仮にイランが核兵器をもてば、それがヒズボラの手に渡る可能性もあります。だから、イランの核武装にいちばんむきになって反対しているのがイスラエルなのです。

１９８１年、イラクのサダム・フセイン政権が核武装をしようとしたとき、それを察知したイスラエルは、戦闘機をイラクに送り込み、原子炉を空爆しました。いきなりの殴り込みです。なぜそこまでしたのかというと、イラクからパレスチナ過激派へ核が渡るのを阻止するためです。

イスラエルは小さな国ですから、もし核ミサイルが飛んでくれば、瞬間的に国が終わってしまいます。核保有を公表はしませんが、周辺諸国に対する脅しとしてイスラエルは２００発程度の核ミサイルを保有しているといわれています。

Q52 アメリカとイスラエルの「蜜月の関係」はどうなる？

イスラエルが最も恐れているのは、アメリカとイランが接近し、なし崩し的にイランが核武装をすることです。

これまでイスラエルはイランの核武装を防ぐために、アメリカに対して熱心なロビー活動を続け、イランを締め上げて核武装を認めないよう働きかけてきました。しかし、最近になってアメリカがイランにすり寄っている。それを見て、イスラエルは「オバマは何をやっているんだ！」と不満をもっています。

したがって、ＩＳの台頭以来、アメリカとイスラエルの関係は、かつてないほどに悪化しています。

ユダヤ国家イスラエルは建国以来、中東におけるアメリカとイギリスの「代理人」という位置づけでしたが、その地位が揺らいでいます。

近い将来、クルド人の独立国家ができることになれば、親米英政権が生まれることは確実です。

もしかしたら**アメリカとイギリスの代理人の地位が、イスラエルからクルドに取っ**

て代わられるかもしれません。

Q53 アメリカとサウジアラビアの関係はどうなる？

アメリカとイランの接近に反発する国は、イスラエルだけではありません。

もしイランが核武装することになれば、シーア派がどんどん力をもち、スンナ派が劣勢に立たされます。

そうなると、スンナ派のボスが黙っていません。

そう、サウジアラビアです。

「イランが核兵器をもつのなら、うちも核武装する」と言い出しかねません。

サウジアラビアには核武装をする技術はありませんが、石油成金なのでお金はもっている。だから、すでに核をもっている国から買うことができます。

どこから買うか？

同じイスラム教スンナ派で核保有国がひとつだけあります。

パキスタンです。

パキスタンは隣国のインドと対立しているので、インドの核武装に対抗して、核を

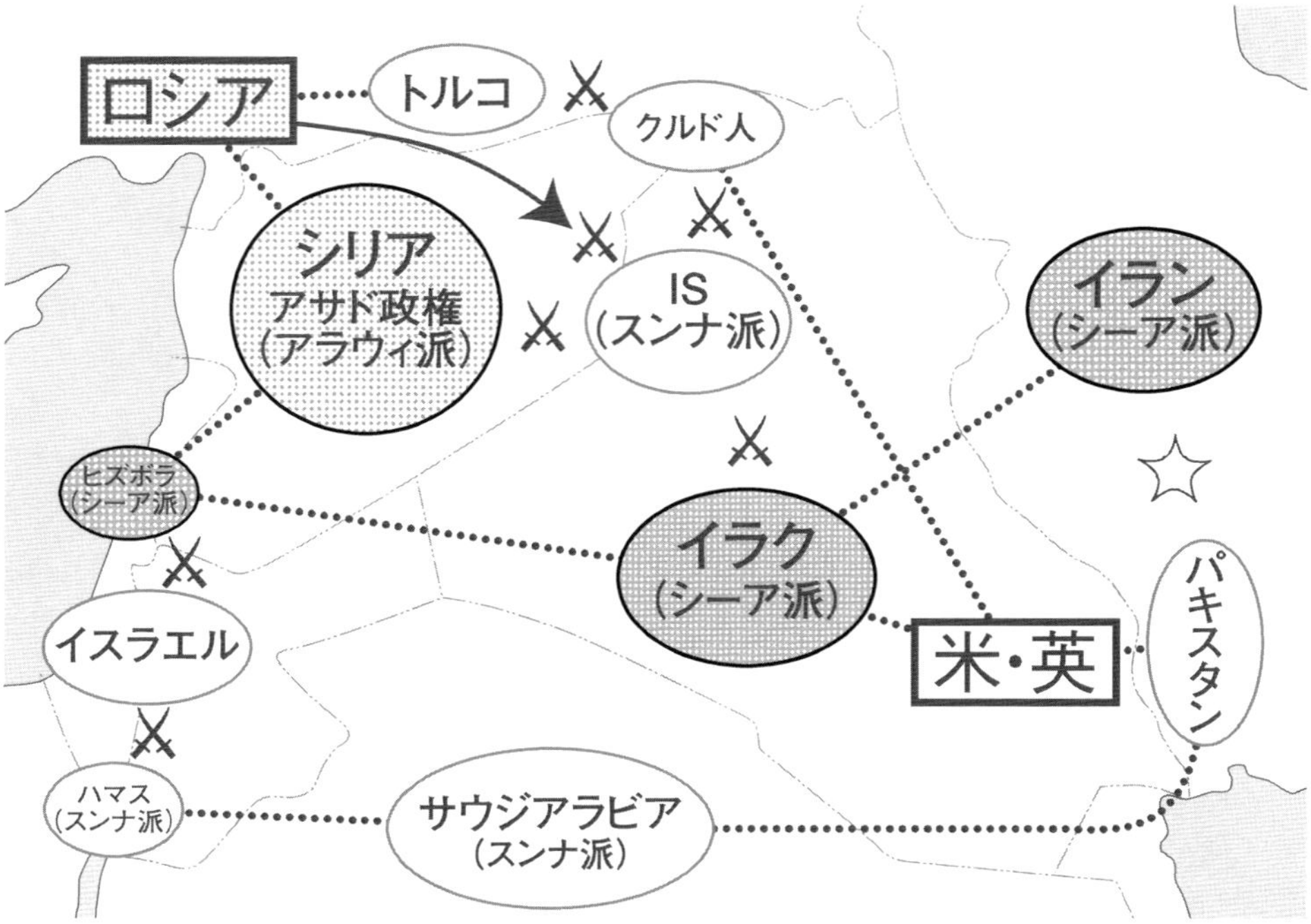

中東における勢力図

保有しました。パキスタンの核とサウジアラビアの豊富な資金が結びつけば、サウジアラビアは、すぐにでも核武装宣言ができるのです。アメリカは、核保有国がこれ以上増えてコントロール不能になることを恐れています。

　これまで良好な関係を築いてきたアメリカとサウジアラビアですが、イラン核問題でその関係にひびが入り、ギクシャクしているのです。

　アメリカはＩＳ掃討のために地上軍を投入したくないから、イランを始めとしたＩＳの敵対勢力と接近しているわけですが、皮肉にもそれが**中東における核武装競争を煽る結果**となりかねません。自業自得とはいえ、石油利権に目のくらんだアメリカの中東政策は、もはや完全に破たんしているのです。

Q54 ヨーロッパの若者がＩＳに参加する理由とは？

Q45では、ＩＳはイスラム原理主義の過激派と、旧フセイン政権の軍人が合流して生まれたとお伝えしました。

ＩＳを支える戦闘員には、実は、もうひとつ重要な勢力が存在します。それが**欧米諸国から流れてくる傭兵《ようへい》**です。

この傭兵の多くを占めるのが、中東諸国からヨーロッパへ移住した移民の二世や三世です。彼らはイスラム教徒ですから、なかなかヨーロッパの社会に溶け込めず、仕事も居場所もない。Q28「ヨーロッパの移民問題」で取り上げましたが、ヨーロッパは貧富の格差が拡大して、特に移民の二世、三世はその煽りをもろに受けています。

そんな状況の中で、ＩＳが発信するツイッターやネット動画を見て、「なんかカッコいいじゃん」「お金もたくさんもらえるらしい」「嫁ももらえるらしい」と思った人たちが、続々とＩＳに合流していったのです。

ＩＳへの戦闘員の合流が止まらないのは、イスラム社会の問題というより、ヨーロッパ全体の問題なのです。

Q55 トルコ国境がＩＳへの通路になっているのはなぜ？

欧米からＩＳに合流する人々の多くは、トルコとシリア・イラクとの国境から入っていきます。逆にシリア難民が、ここからトルコ経由で欧州に入ってくる。トルコ国境が、ゆるゆるになっているのです。なぜでしょうか。

この問題を考えるため、トルコの歴史と国内事情を見てみましょう。

トルコはかつてのオスマン帝国の継承国で、アナトリア半島（小アジア）とバルカン半島東端のイスタンブールを領有する、アジアとヨーロッパにまたがる国です。

このような地理的な特徴をもつトルコを、**ロシアの地中海進出を阻む防波堤**とアメリカは位置づけてきました。

だから、東西冷戦中からアメリカは軍事面で莫大な支援をし、トルコはギリシアとともにＮＡＴＯ（北大西洋条約機構）に参加しています。

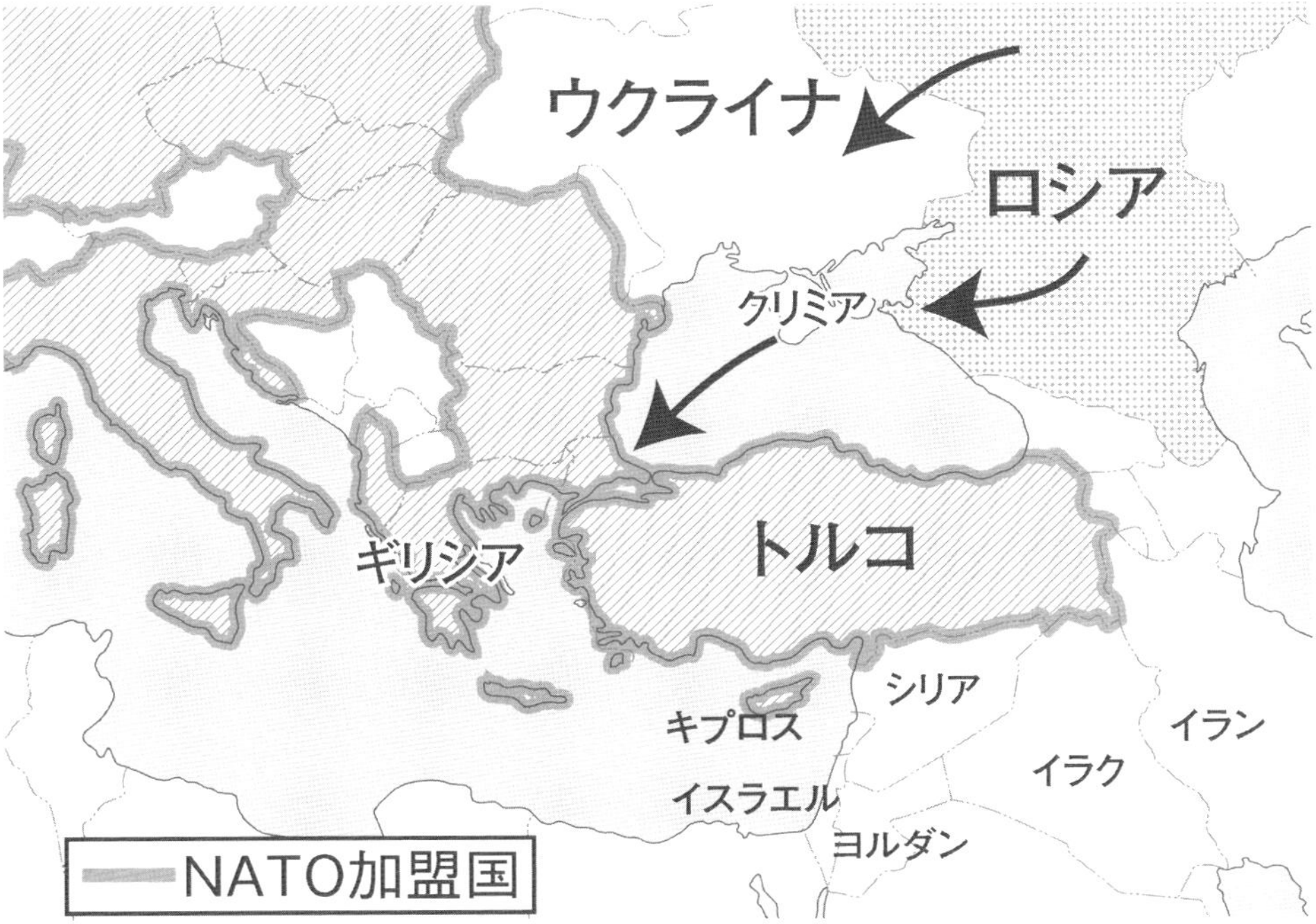

トルコをめぐる周辺図

ちなみに、地中海に面したイスラエルはNATOには加盟していませんが、アメリカ最大の対外援助国で、事実上の同盟関係を築いてきました。つまり、アメリカはトルコやイスラエルといった国と友好関係を構築し、ロシアに対する防波堤として優遇してきたのです。

一方で、トルコの国内では、イラクとの国境地帯に住む、「クルド人の独立運動」がつねにくすぶっています。イラクのクルド人が対IS戦に勝利すると、トルコのクルド人の独立運動が勢いづき、トルコ政府は手を焼くことになります。

トルコにとってISは「敵の敵は味方」

というわけですね。ＩＳがクルド人を制圧すれば、国内のクルド人も抑え込めるからです。トルコがシリアやイラクとの国境のＩＳ支援ルートを黙認している背景には、こうした事情があるのです。

ところが、アメリカはＩＳを叩くためイラクのクルド人を支援しはじめた。このままではクルド国家の独立を承認しかねない。

したがって、トルコも「アメリカは何をやっているんだ！」と不信感を抱いている状況です。

イスラエルとトルコという、中東における２つの親米国家が、ＩＳ問題でアメリカから距離を置き始めた。これは、ものすごい地殻変動なのです。

Q56 トルコはイスラムなのか？　ヨーロッパなのか？

トルコと欧米諸国の関係は、今後どうなっていくのでしょうか。

それを見通すには、トルコ国内の「世俗主義」と「イスラム主義」という二大勢力の存在について理解しなければなりません。

現在のトルコ共和国を建国したのは、**ケマル・パシャ**という軍人です。彼は、オスマン帝国が崩壊したときに、イギリス軍とフランス軍を追い払って、現在のトルコ領土を取り返した英雄で、**アタチュルク**（トルコの父）と呼ばれています。トルコの紙幣は全部アタチュルクの顔ですし、どの町にも「アタチュルク広場」があります。

政権の座についたアタチュルクは、徹底した世俗化、欧米化政策を実施しました。「オスマン帝国が崩壊したのは、イスラムにこだわって西洋文明を取り入れなかったからだ。これからはヨーロッパの一員にならなければならない」という論理です。

欧米化政策で最も象徴的なのは、アラビア文字をやめて、ヨーロッパ式のアルファベット（ローマ字）を採用したこと。アラビア文字ばかりのアラブ諸国を旅行してからトルコに行くと、看板や標識がローマ字なので、私たちはホッとします。

アタチュルクに始まる親欧米派の軍事政権は、西洋化を推し進め、ＮＡＴＯに参加します。たとえば公立学校で『コーラン』を教えたり、女生徒がスカーフを被ることも禁じられてきました。

しかし、「西洋化＝産業化」ですから、産業が発達して、貧富の差が生まれると「格差はけしからん」という勢力が台頭してきます。「富を分配し、助け合うイスラムの精神に立ち戻ろう」と脱欧米化を主張するイスラム政党が勢力を拡大してくるわけです。そのたびに親欧米派の軍部がクーデターを起こして、選挙結果を無効にするといった攻防を繰り返してきました。

今後のトルコの行く末に重大な影響を与えるのが、**エルドアン**というイスラム主義の大統領です。

エルドアンは元イスタンブール市長です。非常に賢い人で、イスラム主義という自分の本心を封印して、選挙に勝ってきました。「NATOのメンバーとして、これまでのアタチュルクの路線を継承します」と言って首相、大統領の座まで上り詰めたのです。しかし、エルドアン大統領の本当のスタンスは、反欧米なのです。米国からの自立という本心を隠して日米同盟堅持を謳う安倍晋三首相とよく似ています。

トルコは、もうひとつ大きな問題を抱えています。**EU(欧州連合)への加入問題**です。

トルコ国民はずっとEUへの加盟を望んでいました。パスポートなしで豊かなヨーロッパ諸国に出稼ぎに行けるからです。

トルコは物価が安いので、ヨーロッパに出稼ぎに行けば、すごく儲かる。実際、ドイツには、たくさんのトルコ人が出稼ぎに行っています。トルコに行くと、英語よりもドイツ語を話せる人のほうが多いくらいです。

パスポート・チェックが撤廃されれば、もっとたくさんのトルコ人が西欧諸国への出稼ぎで稼ぐことができます。だから、親欧米派はずっとEU加盟を求めてきました。

ところが、EU側がトルコの加盟に反対しました。

低賃金で働くトルコ人労働者がこれ以上出稼ぎに来たら、国内の失業者がさらに増えてしまうからです。今、ヨーロッパでは移民排斥運動が盛んですから（Q28参照）、「トルコのEU加盟を認めるのは論外だ」という風潮になっており、いまだにトルコはEUに加盟できていません。

そうなると分が悪いのは、トルコの親欧米派。これまで「EUに加盟すればトルコは豊かになる」と言って国民の支持を集めてきたわけですから。

エルドアンのようなイスラム主義の人物が大統領の座につけたのは、その反動といえます。「いつまでたってもEU加盟なんてできないじゃないか。トルコ人はイスラムなのだから、イスラムの世界でやっていくよ」という人たちの支持を集めたのです。

今後、**トルコはイスラム側に傾いていきます。**

これまでトルコは、中東イスラム国の中ではめずらしく、イスラエルとは良好な関係を維持していました。同じ親欧米派の立場だったからです。

ところが、エルドアン政権になってから、その関係は一気に冷え切ってしまいました。2009年に開催された**ダボス会議**で、エルドアン大統領はイスラエルの大統領に面と向かって、「イスラエル軍がガザ地区に攻め込んでいるのはけしからん！」と言い放ち、アラブ諸国から拍手喝采されています。

現在、トルコは「切れた凧《たこ》」といえる状態で、アメリカとぎくしゃくした関係はしばらく続くと予想されます。

Q57 「中東には親日の国が多い」は本当か？

「中東には親日の人が多い」という話を聞いたことがあるかもしれません。

トルコに関しては、実際、「親日の人」が多くいます。

理由のひとつは、日本が日露戦争で勝ったからです。

歴史上、トルコにとっていちばんの敵はロシアです。何度もロシアに侵略された歴史があるので、「日露戦争でロシアを破った日本はすごい」、というわけです。

もうひとつは、1890年に和歌山県の沖合でオスマン帝国の軍艦エルトゥールル号が座礁・沈没した事件。乗組員の大半が亡くなりましたが、生き残った約70名の乗組員を、日本の村人が必死で救出し、明治天皇の命により日本の軍艦がイスタンブールまで送り届けたのです。毎年、事件現場の和歌山県串本町では、トルコ大使が出席して慰霊祭が行われていますし、トルコの教科書にも載っています。

イラン・イラク戦争では、イランに取り残された日本人を救出するため、トルコ航空機が自国民より日本人を優先して乗せてくれたこともあります。

ただ、他の中東諸国の人たちが、親日であるとは言い切れません。「日本のことはよくわからない」というのが本音でしょう。「欧米のように中東で悪いことをしていない」「アメリカと戦ったことがある」「日本製品は質が高い」というイメージがあいまって、「どちらかというといい国だ」という評価だといえます。

Q58　ロシアが急接近している中東の国とは？

アメリカは中東問題で手を焼き、徐々にプレゼンスが落ちてきています。今の状況をチャンスととらえている国があります。**ロシア**です。

ロシアの中東に対するスタンスは今もあまり変わっていません。中東への影響力を拡大したい。ただ、それだけです。しかし、今のところロシアが影響力を行使できるのはシリアくらいしかありません。

そこで、プーチン大統領が急接近しているのが、トルコです。

アメリカとトルコの関係がうまくいっていないことに乗じて、エルドアン大統領との関係をつくろうとしています。

これまでロシアから黒海経由で天然ガスのパイプラインを通すというプランがあったのですが、これをやめてトルコにパイプラインを通すと言い始めました。これがプーチン大統領の賢いところですね。

トルコもしたたかです。トルコにとってロシアは歴史的には敵国ですが、アメリカと距離をとるかわりに、ロシアに近づいてバランスをとっているといえます。

ちなみに、2014年にロシアがウクライナからクリミア半島を独立させ、ロシアに併合したのも、クリミアのロシア軍基地を確保して、中東や地中海に出ていきたいという意思のあらわれです。

「敵の敵は味方」ですから、ＩＳ崩壊の中東は、次のような対立構造となるでしょう。

アメリカ・クルド・イラン

vs

ロシア・シリア・イスラエル・サウジ・トルコ

プーチン大統領がシリア内戦へのロシア軍投入を始めたのは、これに備えるためです。

Q59 日本は、中東諸国とどう付き合っていくべきか？

日本は、ＩＳ、あるいは中東とどう付き合っていくべきなのでしょうか。

大事なことは、ＩＳのやっていることと、中東の民族問題を切り離して考えることです。

ＩＳのやっていることは犯罪行為ですから、彼らの言い分に耳を貸してはいけない。凶悪な犯罪集団として取り締まらなければなりません。

日本人２人が人質にとられたときも、日本政府は一貫してＩＳとは交渉しないというスタンスでした。これは正しい。交渉するということは、犯罪集団にお金を払うということですから、それは許されません。犠牲になった日本人の2人は大変お気の毒でしたが、一度、犯罪集団にお金を払ってしまえば、第2、第3の事件を招きます。

かつて日本は苦い経験をしています。

日本赤軍が引き起こした**ダッカの日航機ハイジャック事件**（1977年）で、日本政府（福田赳夫内閣）は「人の命は地球より重い」という迷言を残してテロリストの要求に屈し、身代金を渡して日本赤軍のメンバー6人の釈放に応じたのです。同年に起こった西ドイツのルフトハンザ機ハイジャック事件では、ドイツの特殊部隊が機内に突入してテロリストを射殺し、人質を解放しました。これを教訓として、日本でも特殊部隊の養成が始まったのです。テロ犯罪集団には、毅然とした態度で臨むというのが、基本的なスタンスでしょう。

中東との付き合い方については、経済支援を除き、基本的に関与を減らしていくのが賢明です。つまり、**中東へのエネルギー依存を徐々にやめていく**、ということです。数百年の歴史的背景をもつ中東の宗教対立、民族対立に、お人好しの日本人が深入りするのは危険です。あくまで「善意の第三者」でいるべきです。

たとえば、中東以外の地域で石油や天然ガスを確保する。その選択肢のひとつが、ロシアでしょう。安倍政権がプーチン大統領とよい関係を築いているのは、そのような思惑があるはずです。

もうひとつの方法として有力なのは、日本近海で新しい資源の開発を急ぐ。具体的には「燃える氷」と称される**メタンハイドレート**です。資源として活用するには、10年はかかるでしょうから、それまでは原子力発電の再稼働などで、だましだましやっていくしかないでしょう。

Q60　石油価格が下落を続けるのはなぜか？

中東で急速に台頭してきたＩＳは、今後、「衰退の一途」をたどることになるでしょう。

ＩＳに対する包囲網が厳しくなっているのも理由のひとつですが、いちばんの問題は戦争を続ける資金が続かないこと。資金源である石油の価格がどんどん下がっているからです。

産油大国であるサウジアラビアが自分たちの儲けを減らしてでも原油価格を下げる

理由は、ＩＳを本気でつぶすことにあると考えられます。ＩＳがこれ以上勢力を拡大すればイランの発言権が増大するし、サウジアラビア国内の過激派に飛び火する恐れがあるからです。このサウジの戦略が、原油価格が下落している最も合理的な理由といえます。

ただし、ＩＳがどんなに弱体化しても、無理な国境線と貧富の格差が存在するかぎり、ＩＳのような組織は民衆の不満の捌《は》け口であり続けます。

したがって、ＩＳの組織はバラバラになったとしても、アルカイダやタリバンがそうだったように、世界各地にテロリストとして潜伏し、テロ行為を続けることになるでしょう。これからは、一般人と同じように普通の生活をしながら、テロ行為を働くというケースも増えていくと考えられます。

Q61 中東から戦争はなくならないのか？

中東ではたえず戦争が起きています。

だからといって、「イスラム教が悪い」と結論づけるのは短絡的すぎます。地下鉄で毒ガスのサリンをまいたオウム真理教の無差別テロ事件を見て、「仏教が悪い」と結論づけるようなものです。

イスラム教そのものに争いの原因があるわけではなく、これまで見てきたように、欧米諸国による身勝手な中東分割に原因があります。無理やり国をつくってしまったのが諸悪の根源なのです。

そもそもイスラムの世界には**国 Nation**《ネイション》という概念が希薄です。

日本人であれば、自分のまわりに家族や友人がいて、その上の概念として地域があり、さらにその上には日本国がある。では、日本国の上には何があるでしょうか。ないですよね。「地球」と答えるのは、鳩山由紀夫さんくらいでしょう。

一方、イスラム教徒は、家族の上は血縁集団の「部族」であり、「国」という概念がありません。国を通り越して**イスラム共同体（ウンマ・イスラミーヤ）**が上位概念なのです。

だから、本来のイスラム教徒は民族を超えて信頼し、友人になれる。

年1回のメッカ巡礼には、国境に関係なく世界中からイスラム教徒が集まってきますが、同じイスラム同士という信頼関係があるから、「あなたもメッカに行くんですか」と助け合いながら巡礼ができます。

もともと国という概念がないところに、20世紀になって無理やり国をつくってしまった。いきなり「今日からシリア人」「今日からイラク人」と言われても、ピンとこない。国という概念があるのは、ずっと同じ民族で国をもっていたトルコやイランくらいです。**アラブ人には、国という意識が薄い**のです。


だから、本気で中東問題を解決しようと思えば、「サイクス・ピコ協定（Q41参照）はおかしかった」というところから議論を始めなければなりません。

たとえば、イラクについても、各地方に大幅な自治権を与える、場合によってはスンナ派、シーア派、クルドの3つに分割してもいい、というところまで踏み込まなければならないのです。シリアも同じです。各宗派、各民族に大幅な自治権を与えるというのは、かつてのオスマン帝国で採用されていた方法です。

そうしなければ、中東は永久に同じような争いを繰り返すことになるでしょう。

第3章

アメリカのグローバリズムと中国の野望

Q62 アジア投資銀行(AIIB)の創設は何を意味するか?

２０１５年に中国が創設した「アジアインフラ投資銀行」(ＡＩＩＢ)に参加を表明した国・地域がたちまち50カ国を超え、大きな話題となりました。

ＡＩＩＢは、アジアのインフラ整備を支援するという目的で創設された、**中国主導の国際金融機関**です。

当初、中国主導のＡＩＩＢに対して欧米諸国は静観すると見られていましたが、２０１５年３月にイギリスが参加を決めると、ドイツ、フランス、イタリアも相次いで参加を表明しました。欧州の主要国が参加表明したことで、雪崩を打つように参加国が増えていったのです。

欧州各国は、「ＧＤＰ世界第2位」の中国への投資や輸出など、経済面で切っても切れない関係にあり、ビジネスチャンスを逃したくないという事情があります。経済関係に配慮した結果、ＡＩＩＢへの参加を決めたのです。

一方、ＧＤＰ世界第1位のアメリカと第3位の日本は、態度を保留しています。

すでにアメリカが最大出資国である世界銀行、日米が最大出資国であるアジア開発銀行（ＡＤＢ）が機能しており、中国主導のＡＩＩＢをこれらの既存秩序に対する「挑戦」と見なしているからです。

笑いが止まらなかった中国政府ですが、日米のかたくなな態度に困惑し、対日強硬派だった習近平政権も日本に接近するシグナルを送り始めました。

中国主導のＡＩＩＢに参加する国があとを絶たないということは、世界におけるアメリカの力が相対的に低下していることを物語っています。

ＡＩＩＢに参加を表明した欧米の主要国にとっては、「アメリカ丸」という沈みかけた大型船から逃げ出すような感覚といえるでしょう。今、アメリカと中国の間で、大きな勢力交代劇が起こっているのです。

本章では、太平洋をはさんだ大国、アメリカと中国の関わりを中心に、これからの世界の行方を読み解いてみましょう。

Q63 国際通貨基金（ＩＭＦ）と世界銀行の違いとは？

まずは世界のお金の流れを知るためにＩＭＦと世界銀行について見てみましょう。

ＩＭＦと世界銀行を理解するには、第二次世界大戦後、アメリカがどうやって世界の覇権国家としての地位を築いてきたかを振り返ってみる必要があります。

アメリカは、世界を圧倒する大きな2つの「力」を維持してきました。

ひとつは、**軍事力**。世界中に軍事基地をつくり、空母艦隊をいつでも派遣できるようにし、大量の核ミサイルを保有することで、「世界の警察」として各国に睨みをきかせてきたのです。

もうひとつは、**ドル（お金）の力**。アメリカの言うことを聞く国には湯水のように経済的援助を与える。逆に反抗的な国には、容赦なく経済制裁を加えて締め上げてきました。

「軍事力とカネ」にモノをいわせて、アメリカは世界を牛耳ってきたのです。

アメリカの金融支配を具現化したのが、国際通貨基金（ＩＭＦ）や世界銀行（ＩＢＲＤ）といった国際金融機関です。ともにワシントンＤＣに本部があります。第二次大戦末期の**ブレトン・ウッズ会議**で設立が決まりました。

ＩＭＦの役割は、財政危機で外貨が不足した国へ、米ドルの緊急融資をすることです。加盟国のうちゆとりのある国が手持ちのドルを出資し、お金がない国がこれを借りるという構図になっています。主な出資国は以下のとおり（２０１２年改定）。
1位　アメリカ（17・４％）
2位　日本（６・４％）
3位　中国（６・３％）
以下、ドイツ、イギリス、フランスと続く。

世界銀行の役割は、戦災復興と発展途上国の援助です。第二次世界大戦で焼け野原となった日本や西ドイツも世界銀行の融資を受けて復興を果たしています。
主な出資国は以下のとおり（２０１５年）。
1位　アメリカ（17・１％）
2位　日本（７・９％）
3位　中国（５・１％）
以下、ドイツ、イギリス、フランスと続く。

お金を出すということは、当然口も出します。出資額がいちばん多いアメリカが人事権を握っています。なお、世界銀行の総裁はアメリカ人、ＩＭＦのトップである専務理事はヨーロッパから出す、というのが慣行になっています。

ちなみに日本は、ＩＭＦ、世界銀行ともに第2位の出資額を誇りますが、これまで一度もトップの役職を出したことはありません。

日本を含めて世界各国は、長い間、こうしたアメリカ主導の枠組みの中に組み込まれてきました。中国がＡＩＩＢという新たな国際金融機関の設立を呼びかけたのは、ＩＭＦや世界銀行に対抗する新しい枠組みをつくろうという試みなのです。

Q64 アジア開発銀行とＡＩＩＢの違いは？

第二次世界大戦後、ドルの力で世界に君臨してきたアメリカですが、ベトナム戦争で苦戦を強いられた頃から、軍事的にも経済的にもゆとりがなくなってきました。

そこで、「アジアに関しては日本に任せよう」という機運が高まります。

そこで１９６６年に誕生したのが、**アジア開発銀行（ＡＤＢ）**です。フィリピンのマニラに本部を置くアジア開発銀行の役割は、アジア・太平洋における経済成長を支援し、開発途上加盟国の経済発展に貢献すること。要は、ＩＭＦのアジア版です。

最大の出資国は、日本とアメリカで、ともに出資比率15・7%。歴代の総裁は、すべて日本人。日本の財務官僚が総裁になるのが慣行になっていて、アベノミクスの「第一の矢」（金融緩和）の担当者である日銀総裁の黒田東彦《はるひこ》氏も、アジア開発銀行の総裁を務めていました。当然、出資先についてはアメリカだけでなく、日本（の財務省）の意向も反映されます。

アメリカ主導のIMFと日米主導のアジア開発銀行の存在を、ずっとおもしろくないと思ってきたのは中国です。

中国もアジア開発銀行に出資はしているけれども、額が少なかったので影響力を行使することはできませんでした。

したがって、AIIBの発足は、日本主導のアジア開発銀行の立場を脅かす可能性があるのです。

Q65 AIIBを設立した中国の本当の狙いとは？

中国は、ここ20年の急激な経済成長によって、安価な工業製品を輸出し続けた結果、外貨準備高（ドル）が膨れ上がりました。

資金に余裕ができた中国は「ＩＭＦやアジア開発銀行の中国版をつくって、影響力を行使したい」と思い至り、中国指導で設立したのが、ＡＩＩＢです。

したがって中国は、アメリカがＩＭＦを通じて行ったのと同じことをするでしょう。中国がいちばん多く出資するのですから、本部は北京、初代総裁に就任予定の金《きん》立群《りつぐん》はアジア開発銀行のナンバー2だった人です。

中国の意向が強く反映され、投資先は中国の都合によって決められると予想されますから、まさに中国がアジア諸国に影響力を行使するための組織です。

これまでも中国は、カンボジアやラオス、ビルマ（ミャンマー）など、中国の意に沿うアジアの国々に対しては、多額の資金援助をしてきました。ＡＩＩＢが設立されれば、他の国々との共同出資という形をとれるので、中国の金銭的負担も減ることとなります。

Q66 ＡＩＩＢの融資は何が問題なのか？

ＡＩＩＢが設立されると、アジア開発銀行と競合することになるので、両者はライバル関係となります。

同じような組織が２つできることに対する、中国の言い分はこうです。

「アジア開発銀行はスピードが遅い。審査が厳しすぎて途上国の要望に応えられていない」


そもそも**国際援助**には、問題点が２つあります。

ひとつは汚職です。援助される側の権力者が、借りたお金をポケットに入れてしまう。これは途上国ではよくある話です。

もうひとつは、**環境問題**。たとえば、現地に巨大なダムの施設をつくるとき、現地住民の意向に反して森林伐採をすれば、環境破壊につながりますし、公害の問題も発生します。

現在でも、アジア開発銀行に対して、「汚職や環境問題を引き起こすような融資はやめろ」という抗議の声も上がっています。だから、アジア開発銀行も汚職と環境問題についてはかなり気を使い、融資が正しく使われているか厳しく審査をし、環境破壊への影響も調査しています。

当然、融資が実行されるまでに時間がかかることになります。中国はこの点を批判し、ＡＩＩＢはもっと迅速な融資を行うのだと主張しているのです。

これは、「汚職があろうが、環境破壊があろうが、どんどん貸す」と宣言しているようなものです。

すでに中国国内が環境破壊と汚職でメチャクチャな状態です。経済成長至上主義で需要を無視した国内への過剰投資は、「鬼城《きじょう》」と呼ばれるゴーストタウンを各地に出現させ、余剰資金は住宅バブルを引き起こしています。

ＡＩＩＢはこの余剰資金とともに、汚職と環境破壊を、アジアに輸出するようなものですから、現状では将来に暗雲が立ち込めていると言わざるを得ません。

Q67 ＡＩＩＢに日本は参加すべきか？

日本はアメリカとともに、ＡＩＩＢへの参加を見送っています。

他の西側主要国はこぞって参加を表明しているので、世界的に見れば、日本は取り残された格好となっています。「バスに乗り遅れるな」というどこかで聞いたような議論もありました。

日本は経済的な余裕はあるので、ＡＩＩＢからお金を借りる必要はありませんが、参加しないことでまったく発言権をもてなくなるのも問題ですから、原理原則的には「参加すべき」なのだと思います。

ただし、中国は日本に対して「カネは出させるが、口出しは認めない」という姿勢で臨んでくるでしょう。そんな条件なら加盟を拒絶すべきです。中国は日本の出資により自らの負担を軽減したいと思っているので、あとは日本の外交力で（これが頼りないのですが）、日本の発言権を強められるよう少しずつ切り崩すしかありません。

近い将来、中国が経済危機を迎え、出資困難に陥る可能性も十分考えられます。そのとき、日本が中国の代わりに出資して、一気にイニシアティブを握るという手もあるでしょう。

Q68 アメリカは、なぜ戦争を繰り返すのか？

中国の軍事的、経済的な台頭とは対照的に、国際的な存在感が薄れつつあるアメリカ。今、アメリカに何が起きているのでしょうか。

アメリカは一枚岩ではありません。アメリカの行動原理を理解するには、大きく分けて５つの担い手を知る必要があります。

①　軍需産業
②　金融資本
③　草の根保守
④　福音派
⑤　移民労働者（労働組合）

今のアメリカを支配している最大の利益集団のひとつは、「軍需産業」です。アメリカの軍需産業は、第二次大戦のときに急成長しました。たとえば、ボーイングやロッキード、ダグラスといった飛行機メーカーは、当時、戦闘機や爆撃機をつくって大企業へと成長していきました。日本本土空襲を行ったB29という爆撃機をご存じでしょうか。「B」とは爆撃機（ボンバー）ですが、製造メーカーはボーイング社です。

第二次大戦が終わって冷戦が始まると、軍需産業は、ソ連がいつ攻めてくるかわからないと喧伝し、核ミサイルをどんどんつくって莫大な軍事費を政府（国防総省）から引っ張り出したわけです。

冷戦の初期に大統領を務めたアイゼンハワーは、第二次大戦を指揮した軍人出身で、軍需産業と太いパイプをもっていました。そのアイゼンハワー大統領が退任の演説の中で、国民に向けてあえてこんなことを言い放ちました。

「今、アメリカでは軍部と軍需産業が一体化していて、とてつもないパワーをもってしまっている。アメリカ国民は、その事実を知っておくべきだ」

アイゼンハワー大統領が指摘したようなシステムを**「軍産複合体」**といいます。

軍産複合体のもとでは、軍部からの受注で軍需産業がうるおう一方、軍需産業に退役軍人が顧問などの肩書で天下りするといった、癒着が頻繁に行われます。

アメリカの軍人たちは軍需産業の意向を無視することはできません。さらに軍需産業の下には、下請けの中小企業がいっぱいあるので、何百万人もの雇用が生まれます。こういう構造が冷戦期に生まれ、今も変わらずに存在するのがアメリカなのです。

日本にたとえると、かつての自民党とゼネコンの関係にそっくりですよね。

田中角栄や竹下登、金丸信《かねまるしん》といった自民党の政治家が大手建設会社（ゼネコン）と手を組んで、どんどん公共事業をやる。見返りとして建設会社から政治献金をたっぷりもらえて、天下りもさせてもらう。

日本の場合は建設会社と政治がつながって、むだな道路をいっぱいつくりました。アメリカの場合は、軍需産業と政治がつながっている。だから、ほぼ10年ごとに戦争をやって、軍需産業に儲けさせるのです。

ベトナム戦争のときは民主党政権でしたが、基本的に軍需産業は共和党とくっついている場合が多い。冷戦末期に大軍拡をやったのは共和党のレーガン政権でしたし、湾岸戦争もイラク戦争も、共和党のブッシュ親子が戦争へとかじをとりました。冷戦終結で閑古鳥《かんこどり》が鳴いていた軍需産業は、イラク戦争によって息を吹き返すことができたのです。


息子のブッシュ政権がイラク戦争を長期化させ、アメリカ国民の厭戦《えんせん》気分が広まったときに登場したのが民主党のオバマ大統領です。彼はイラク戦争から手を引くことを公約にして選挙に勝ちました。現地の戦場で死ぬのはアメリカ人の兵士ですから、「なぜ、うちの息子や夫が、中東で死ななければならないのか」というのが、イラク戦争後のアメリカの世論です。

しかし、軍需産業から見れば、イラク戦争が終わってからずいぶん経って、ミサイルの在庫もたまっているはずです。「在庫一掃したい」というのが彼らの本音でしょう。ＩＳ（イスラム国）の台頭による中東の不安定化や中国の海洋進出は、彼ら軍需産業が望むところなのです。

Q69 アメリカ政府と巨大銀行はどんな関係か？

アメリカには、軍需産業に匹敵するもうひとつの巨大勢力があります。ニューヨークを中心とする巨大銀行、すなわち金融資本です。ニューヨークの金融機関はアメリカ人から預金という形で資金を集め、海外へ投資することで儲けています。戦争で壊れた海外の道路や橋をつくったり、あるいは外国の企業を買収して利益を得ているのです。

ニューヨークの金融資本が勢力を伸ばしたのは、19世紀末のこと。**ＪＰモルガン**という巨大銀行が台頭し、国を動かすほどの力をもつようになりました。

ちなみに、アメリカの二大財閥として有名なのは、このＪＰモルガン銀行と、石油財閥の**ロックフェラー**です。ＪＰモルガンとロックフェラーから枝分かれした銀行がひしめいているのが、**ニューヨークのウォール街**です。

19世紀、アメリカ政府と金融資本とは敵対関係にありました。アメリカは「草の根の民主主義」の国なので（Q72）、政府としては銀行家のような一部の特権階級に国を支配されたくないという意識が強くありました。

しかし、結果的にお金をもっているほうが勝つのが世の常です。**ウィルソン**（第一次大戦時の大統領）のとき、ニューヨークの金融資本が共同出資する形で、アメリカの中央銀行をつくりました。これが、**FRB（連邦準備制度理事会）**です。名前だけではいったい何の組織かわかりませんが、日本でいえば、日本銀行に該当するような中央銀行です。

でも、何か違和感がありませんか？

中央銀行というと、国営というイメージがあると思います。日銀も半官半民ですが、FRBはアメリカの国営ではありません。**ニューヨークの金融資本（JPモルガンやロックフェラー）が共同出資した、純然たる民間銀行**です。民間銀行が中央銀行の仕事をしているのです。アメリカ政府は財政難になると国債を発行して、FRBに引き受けてもらいます。当然、政府は金融資本の言いなりになってしまいます。

ＦＲＢの出資者である金融資本＝民間銀行がアメリカ政府の「お財布」を握っている状態なので、政府は銀行の意向を無視できないのです。ウィルソン政権以来、金融資本と特に強いつながりをもっているのは「民主党」です。

Q70 アメリカの軍需産業と金融資本の関係は？

では軍需産業と金融資本の関係性は「対立しているのか」と問われると、必ずしもそうとはいえません。

利害が一致したケースとしては、イラク戦争が挙げられます。

共和党のブッシュ政権は、イラク戦争を仕掛けて、イラク国内をミサイル攻撃で徹底的に破壊しました。戦争が終わったら、今度は再建しなければなりませんから、アメリカの金融資本がイラクの戦災復興に当たる企業に融資をします。イラク復興を請け負って莫大な利益を上げたベクテル社はアメリカ最大の建設会社（ゼネコン）。同社の幹部は、アメリカ政府の国務長官や国防長官として抜擢されています。

戦争によって軍需産業が儲けたあと、戦争後に復興と称して金融資本が投資で儲ける。壊しては儲け、再建してはまた儲ける。マッチポンプです。軍需産業にとっても、金融資本にとっても、イラク戦争は「おいしい話」だったのです。

イラクとは逆のケースが中国です。

中国とアメリカの緊張が高まれば、アメリカの軍需産業は儲かるはずです。しかし、中国の場合、中国共産党政権が非常に賢くて、東シナ海や南シナ海で軍事的な挑発はしても、アメリカを決定的に怒らせるところまでは踏み込まない。その一方で、「中国に投資しませんか」とアメリカの金融資本を誘い込んでいます。

ニューヨークの金融資本は、すでに莫大な投資を中国にしているので、米中関係が悪化して戦争になれば、大損害を被ることになります。

だから金融資本は米中友好を唱え、顧客には対中投資を呼びかけるのです。結果的に中国の脅威を煽って稼ごうとしている軍需産業とは利害が一致せず、対立関係にあるように見えるのです。

Q71 「BRICS」という言葉は誰が広めたのか？

冷戦が終わったため、軍需や石油で儲けるブッシュ（父）共和党政権から、金融で儲けるクリントン民主党政権への政権交代が起こりました。

クリントン政権の財務長官が**ロバート・ルービン**という人物で、ニューヨーク最大の金融資本**ゴールドマン・サックス**のトップでした。

つまり、クリントン政権は、金融資本とズブズブの深い関係にあったのです。

当時、クリントン大統領が日本を素通りして北京を訪問し、日本で大騒ぎになったことがあります。いわゆる**「ジャパン・パッシング（日本無視）」**です。

その頃から、「21世紀は中国の世紀だ」「これからの世界は日米欧G7ではなく、米中のG2だ」といった論調が一気に出てきて、中国の存在感が高まりました。

BRICS（ブリックス）という言葉が盛んに使われるようになったのも、この頃です。「21世紀の世界経済を動かすのは、**ブラジル、ロシア、インド、チャイナ、南アフリカ**の5カ国」という意味の言葉ですが、この言葉をつくったのが、そもそもルービン財務長官がトップを務めていたゴールドマン・サックス社なのです。

つまり、アメリカの金融資本は中国に莫大な投資を始めていたので、中国に資金が集まるように仕向けたのです。中国にお金が集まれば、アメリカの金融資本も儲かる。そういう図式ができあがっていました。

日本のテレビや新聞、経済誌は「これからは中国投資だ！」と便乗しました。日本からも大量の資金が中国に流れ込み、中国の膨張を支えたのです。

Q72 アメリカの中間層「草の根保守」って何？

アメリカを動かしている集団の3つ目は、**「草の根保守」**です。英語でもグラス・ルーツといって、草の根っこのようにアメリカの大地に根をおろしている保守層（経済的には中間層）のことです。彼らはおもにアメリカ南部や中西部の農村地帯に多く住んでいます。

草の根保守は、歴史的には19世紀の**「西部開拓農民」**にまでさかのぼります。開拓農民は、政府からまったく支援を得ることなく、自分の努力と才覚だけで先住民（インディアン）と戦って、荒野を切り開いてきた人たちです。正当防衛のために個人が銃をもつのは当然の権利と考え、銃規制に反対するのもこの人たちです。

基本的に国家を信用しない。自分の身は自分で守るので福祉もいらない。税金も払いたくないという極端な個人主義、自由主義の思想をもっています。彼らのような立場を**リバタニアン**といって、リベラルと区別します（リベラルも「自由主義」ですが、弱者救済のため福祉の充実を求めます。こっちは民主党の考えです）。

そもそも国家というものを信用しない草の根保守の立場からすれば、国のために外国で戦って死ぬのは、ナンセンスです。敵がアメリカへ攻めてくるなら戦うけれど、なぜ海の向こうまで行って戦わなければならないのか……と。

こうした草の根保守の気持ちを反映したのが、**「孤立主義」（モンロー主義）**という政策です。

ヨーロッパや中東、東アジアで戦争が起きようが関係ない。アメリカはアメリカの道を行く。その代わり、外国からの干渉も一切受けない。

実は彼らこそ、共和党の最大の支持基盤なのです。ロン・ポールという共和党の下院議員が２０１２年に大統領候補として予備選挙に出馬し、「海外の米軍基地はすべて撤収すべきだ」と訴えました。ロン・ポールは予備選で落選しましたが、こういう主張に一定の支持があることがわかります。

Q73 アメリカで力をもつ「福音派」って何？

アメリカ合衆国は基本的に移民によってつくられた国なので、アメリカ大陸に渡ってきた順番によって階級があります。

最初にアメリカに渡ってきた人たちが最も威張っていて、権力を握りました。それが、イギリス系移民の**「WASP《ワスプ》」**と呼ばれる人たちです。

「W」がホワイト（白人）

「AS」がアングロ・サクソン（イギリス系）

「P」がプロテスタント

を意味します。

もともとは、イギリスの**ピューリタン**といわれる新教徒がイギリス本国で迫害されて大陸にたどり着いたのが、アメリカの始まりです。メイフラワー号で渡った102人を**「ピルグリム・ファーザーズ」**（巡礼の父祖）といいますが、彼らはアメリカに自分たちの信仰を実現する理想国家（＝神の国）をつくりたかったのです。

「正しいキリスト教を、アメリカにあまねく広めなければならない」

ここでいう「正しいキリスト教」というのは、プロテスタントの信仰です。Q23で説明しましたが、「欲望を避けて質素に暮らし、一生懸命働くことが、神のご意思である」という信仰です。

したがって、彼らは神のご意思を実現するためにピュアに暮らし、アメリカ大陸を清めるため、先住民を「一生懸命に」追放したのです。

このピューリタンがさらにいろんな宗派に分かれていくのですが、それらに共通するのは『聖書（福音書）』の教えを絶対と考え、これに反するものを排斥しようとするメンタリティです。彼らは妊娠中絶を罪と考え、同性愛を罪悪視します。このような人たちを**「福音派」**とか、**「宗教右派」**と呼びますが、彼らも共和党の強固な支持基盤です。ビリー・グラハムというカリスマ的なテレビ伝道師は、歴代アメリカ大統領の就任式で祈りを捧げるほどの影響力を持っています。

Q74 アメリカはなぜ「世界の警察」をやりたがるのか？

アメリカが外国に出て戦争をするのは、実は、福音派の思想が大きく影響しています。

彼らはまず、アメリカという理想国家（＝神の国）をつくりました。しかし、まわりを見渡してみると、世界には「間違った信仰」――カトリックやイスラム教、多神教の国がいっぱいあることに気づきます。これらは「正すべき存在」ということになります。

今のアメリカ人にも、アメリカ型の価値観、つまり**自由、人権、民主主義を世界中に「布教」すべきだ**という考え方があります。もし相手の国がアメリカ型の価値観を認めない独裁政権である場合には、武力を使ってでもかまわないと考えるのです。

実は、アメリカが行ってきた戦争は、みなこうした考え方によって正当化されてきたのです。

最初にアメリカが侵略した国は、メキシコ。メキシコはカトリック教徒のスペイン人が、先住民と混血してつくった国です。

アメリカが侵略する前は、今のアメリカの西側3分の1、つまり、ロッキー山脈より西側はメキシコ領でした。だから、今のカリフォルニアやテキサスも、もともとメキシコのものだったのです。

最初は、メキシコ領テキサスにアメリカ人が移民として移住します。もともとテキサスは荒れ地が多い土地だったので、メキシコ人（カトリック）の人口は多くありませんでした。そこに、大量のアメリカ系のプロテスタントの移民が入ってきたのです。その結果、メキシコ政府と対立することになり、アメリカの移民たちは、「テキサスはメキシコから独立する」と一方的に宣言したのです。

アメリカはロッキー山脈を越えて領土を拡大した

この「テキサス共和国」が、アメリカ合衆国に編入を申請すると、アメリカ政府は、テキサスをアメリカの州にしてしまったのです。

これは、どこかで聞いた話ではないですか？

住民投票の結果、独立宣言をして別の国に合併申請し、編入される――。

クリミアと同じですよね。

アメリカは、ロシアによるクリミア編入はけしからんと非難しますが、メキシコ人から見れば、「アメリカこそ、テキサスを返せ」と反論したくなるでしょう。

テキサスを奪われたメキシコは怒り

ます。テキサスの帰属をめぐってメキシコとアメリカの間で戦争が起こりますが、アメリカが圧勝しました。

そして、テキサスだけでなく、西海岸のカリフォルニアまでをメキシコから奪い、現在のアメリカ合衆国の形ができあがったのです。

スペイン植民地だったキューバを侵略したときも、「スペインの暴政に苦しむキューバを救え。自由と民主主義の旗のもとにキューバ人民を解放すべきだ」という建前で戦争を始めました。「解放」の名目で国を奪ってしまうのです。

ウィルソン大統領も、「独裁政権を倒し、民主主義を広める」という名目で中米諸国への干渉を繰り返し、「ドイツの軍国主義を打倒する」という名目で孤立主義を放棄し、第一次世界大戦に参戦しました。アメリカがヨーロッパの戦争に派兵したのはこれが最初です。こういう発想を、「宣教師外交」「ウィルソニズム」といいます。

第二次大戦のときは、「ドイツと日本のファシズムを打倒し、民主主義を守れ」という名目でしたし、冷戦期は「共産党独裁に対抗して自由と民主主義を守る」という名目でソ連や中国とにらみ合いました。

そして、冷戦が終わったあとは「イラクの独裁政権」あるいは「テロリスト」から「自由と民主主義を守る」と言って戦争を続けてきました。

イラク戦争に勝利した後もテロが止まらず、ついにはＩＳ（イスラム国）が出現しました。疲れ果てたアメリカ人は、オバマを大統領に選びました。だからオバマ外交は孤立主義に回帰し、紛争から身を避けようとしたのです。

草の根保守の「孤立主義」と、福音派的「介入主義」。アメリカ外交はこの間を振り子のように揺れ動いてきたのです。

Q75　ペリーが日本にやってきた本当の理由は？

アメリカがメキシコを侵略した話には続きがあります。

カリフォルニアがアメリカ領になってからすぐに、金鉱が見つかりました。すると「ゴールドラッシュ」が起きて、移民がカリフォルニアに殺到（ラッシュ）します。

ところが、人口の多いアメリカ東部からカリフォルニアに行くには、ロッキー山脈という4000メートル級の山を越えなければなりません。これは当時の交通手段である馬車では越えられず、アメリカの東部から「船で」カリフォルニアを目指すことになりました。

当時はまだパナマ運河もないので、ショートカットすることもできません。最も近い航路は、南米大陸をまわっていくルートですが、南アメリカの最南端は南極に近く、海も荒れるので、遭難の危険をはらんでいます。

では、どこが早くて安全なルートだったか。それが、実は東海岸から大西洋を渡り、アフリカ南端の喜望峰をまわって、インド洋へ抜ける。そして、日本をかすめて太平洋を越える世界一周のルートだったのです。


アメリカがカリフォルニアを奪ったのは1848年。ペリーの黒船が日本にやってきたのは1853年です。

多くの日本人は、ペリーはカリフォルニアから太平洋を渡ってきたと思っていますが、誤解です。当時、まだカリフォルニアに軍港などありませんでしたから。ペリーの黒船艦隊は、喜望峰をまわってインド洋からマラッカ海峡を抜けて日本にやってきたのです。


アジアを通ってカリフォルニアに行くルートを押さえる。また、将来の中国貿易の

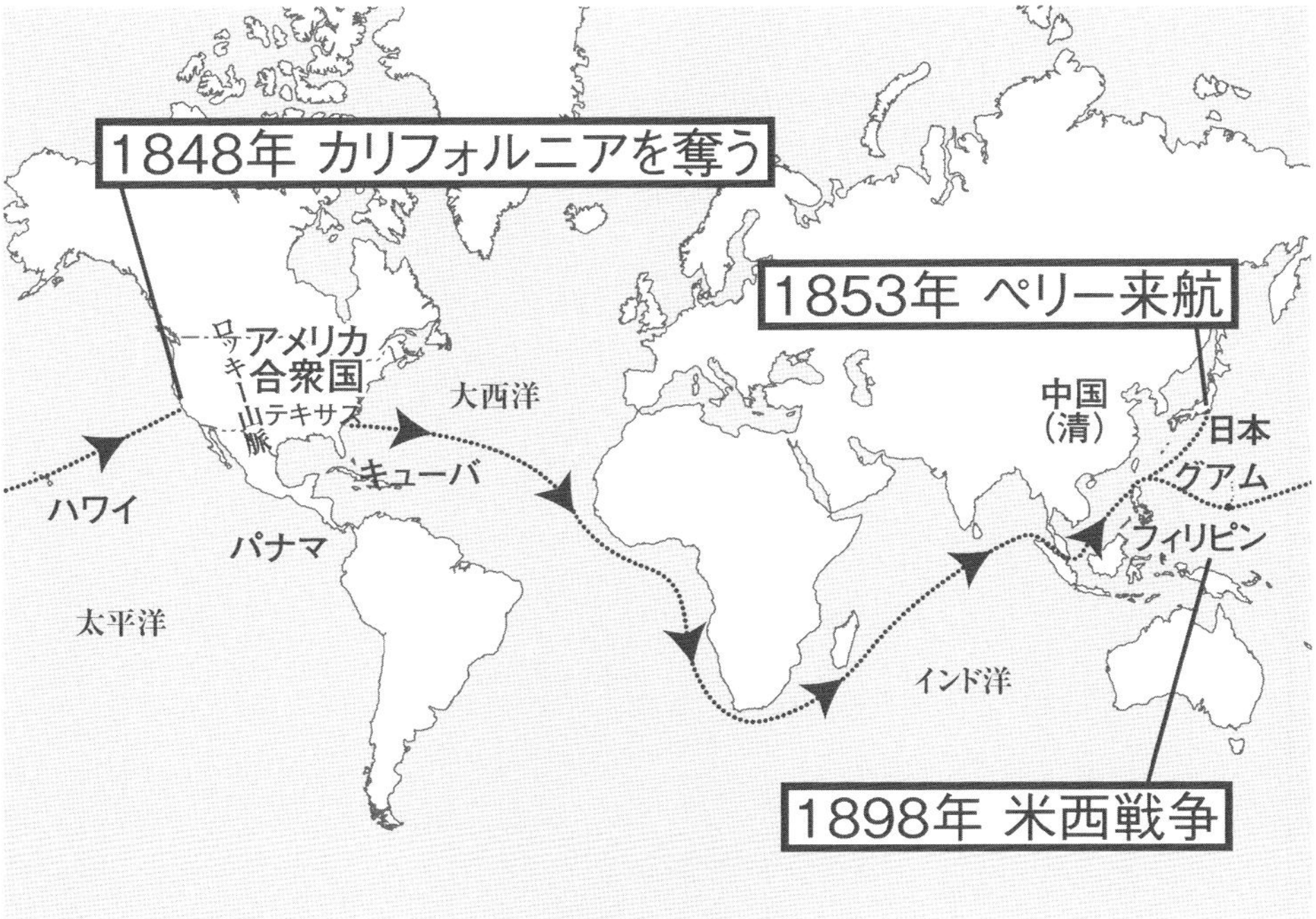

アメリカ東海岸からカルフォルニアへ向かう航路

拠点や捕鯨船の補給基地を得る。これらの目的のために、ペリーが目をつけたのが日本だったのです。これが日米関係の始まりです。

半世紀後の１８９８年には、アメリカは米西戦争でスペインと戦い、キューバとフィリピン、グアムを奪い取ります。同時期にハワイ王国も併合しますが、これらの島々を線で結んでみてください。見事に、すべての島々がカリフォルニアへ向かうルートの上にあることに気づくでしょう。

当時の中国（清朝）は、ペリーが日本に来る10年前に、アヘン戦争でイギリスに負け、欧州諸国との貿易を始めたところでした。これにアメリカも便乗して、一儲けしようと企んでいたのです。

米中関係はここから始まりますが、実はアメリカが中国を侵略したことは、これまで一度もありません。日清戦争に負けた清朝が、露・独・英・仏・日本に分割されたときも、アメリカは「中国分割をやめろ」と要求しました（門戸《もんこ》開放宣言）。単に乗り遅れただけなのですが、中国人から見ると、「アメリカは一度も中国を侵略しなかった、すばらしい国だ」ということになります。

Q76 ユダヤ人がアメリカに渡った理由は？

アメリカで大きな影響力をもっている集団の5つ目は、**移民労働者**（労働組合）です。WASPが移住したあとも、アメリカには、次々と移住者がやってきます。ドイツ人やアイルランド人、イタリア人も多かったのですが、アメリカ外交にいちばん影響を与えたのは、**ユダヤ人**です。

ユダヤ人については、アメリカを理解するために必要不可欠な知識ですから、ここでくわしく説明しておきましょう。

ユダヤ人がアメリカに渡る以前、彼らの多くが住んでいたのはロシア帝国でした。中世以来、ユダヤ人の多くは差別が少ないポーランドに住んでいました。ポーランドは、ユダヤ人の避難所だったのです。ところが、そのポーランドをロシア帝国が併合したのが18世紀の「ポーランド分割」でした。

ロシア帝国は、1853年にクリミア戦争でイギリスに完敗します。ちょうど日本の江戸幕府が、ペリーの黒船を見てびっくりしたのと同じ年です。

日本人がペリーの黒船を見てショックを受けたように、クリミア半島に攻め込んだイギリス軍の蒸気船を見て、ロシア人も仰天しました。それをきっかけにロシア帝国は、近代化に力を入れ始めるのです。

ところが、鉄道を敷いて蒸気船を所有したくても、肝心の資金や技術がない。国内になければ、国外から調達するしかありません。外資導入ですね。

そこでロシアは、当時ヨーロッパでいちばんお金をもっていたユダヤ系財閥・ロスチャイルドから投資をしてもらったのです。今でいう「経済自由化」が起きたロシアには、急速に外資が入り、発展していきました。

一方で、問題も起きます。ロスチャイルドの資本と結びついたロシアの皇族や貴族は私腹を肥やし、豊かになりましたが、その富が一般民衆に行き渡らなかったのです。ロシアは憲法も議会もない独裁国家だったので、貧富の差がますます広がり、民衆の不満がたまっていく結果となりました。

そこで、民衆の不満が政府に向くことを恐れたロシア政府は、情報操作をします。「富の不均衡の原因は、ユダヤ人にある」と喧伝したのです。

ユダヤ人の長老たちがひそかに秘密会合を開き、カネの力で世界征服の陰謀を企てている、というわけです。この陰謀計画を「シオンの議定書」といいます。シオンとは、ユダヤの都エルサレムのことです。

「秘密権力の世界征服計画書」という触れ込みでロシアからヨーロッパ各国へ広がっていった「シオンの議定書」ですが、実は反ユダヤ運動を煽るためにロシアの秘密警察がでっちあげた偽書でした。日本でも「ユダヤの陰謀」本はたくさん出ていますが、元ネタは「シオンの議定書」です。

ユダヤ人への風当たりが強まる中、1881年に時の皇帝が暗殺される事件が起きます。犯行グループの中にユダヤ人がいたことから、ロシア全土で民衆がユダヤ人を襲撃する事件が起こり、多くの犠牲者を出しました。これを**「ポグロム」**といいます。このとき、ユダヤ人が命からがら逃げ延びた先が、ヨーロッパとアメリカ。今アメリカに住んでいるユダヤ人のほとんどは、ロシアからやってきた人たちなのです。

ちなみに、パレスチナ（現在のイスラエル）へユダヤ人が移住するようになるのは、第一次世界大戦でオスマン・トルコ帝国が崩壊したあとのことです。

Q77 アメリカがイスラエルを支援するのはなぜ？

アメリカに移住してきたユダヤ人には、大きな強みがありました。

「集金力」です。

ヨーロッパでしたのと同じように、ユダヤ人はニューヨークで金融業を始めます。ゴールドマン・サックス、ソロモン・ブラザーズ、リーマン・ブラザーズといった大手金融機関の創業者は、ユダヤ系移民です。

ニューヨークの金融資本として成長したユダヤ人たちは、お金の力によってアメリカで影響力をもつようになっていきます。

ユダヤ人がアメリカで強い影響力をもつのは、強烈な民族意識にも理由があります。彼らは「自分たちはユダヤ人である」という意識を捨てないので、なかなかアメリカ人に同化しません。
これは、日本人とは正反対です。

日本からも明治時代に多くの人が、移民としてアメリカに渡りましたが、彼らは「郷に入れば郷に従え」の精神で一生懸命アメリカ人になろうと努力しました。日系アメリカ人として生きる道を選んだのです。

逆にユダヤ人は「私たちはアメリカに住んでいるユダヤ人だ」というスタンス。ユダヤ系アメリカ人ではなく、「アメリカ在住ユダヤ人」として生きることを選んだのです。

そして、1948年にイスラエルが建国されると、アメリカに住むユダヤ人たちは、イスラエル国籍を取得しました。アメリカでは二重国籍が認められているからです。

当然、アメリカ在住のユダヤ人たちは、自分たちの魂の祖国であるイスラエルを応援したい。そこで豊富な資金力をバックに、アメリカ政府に対してイスラエルを支援するように働きかけます。

これまでアメリカがイスラエルを一貫して支援してきた裏には、金融資本を握っているユダヤ人の存在があったのです。

Q78 日本はなぜユダヤ人を助けたのか？

日本人とユダヤ人との間にも、実は「接点」があります。

日露戦争のとき、当時の日本はロシアと戦争する軍事費を捻出できないほどの弱小国家でした。国民が飢えで苦しんでいるくらいですから、本来なら戦争どころではありません。

そこで、日本政府は戦時国債を発行します。国民は困窮していますので、国債を買う余裕はない。海外市場で買ってもらうことになります。そのとき、ロンドンとニューヨークに派遣されたのが、のちの大蔵大臣である**高橋是清《これきよ》**です。

当初、ヨーロッパの国々は、日本の国債にまったく見向きもしませんでした。「日本がロシアに勝つわけがない。日本に金を出すのはドブに捨てるようなものだ」というわけです。当然の反応ですよね。

ところが、高橋是清がニューヨークに行くと、ニューヨークのユダヤ系金融資本のボスである**ジェイコブ・シフ**という銀行家がこう言います。

「ミスター高橋、日本国債を買いましょう。私たちの仲間をたくさん殺したロシアと戦う日本を応援したい」

こうして国債を大量に売却できた日本は、武器を調達することができます。日露戦争の勝利へとつながりました。

このことから日本はユダヤ人に恩義をもっているのです。だから、第二次大戦のとき、日本人はユダヤ人を保護しました。

ユダヤ人の組織的な迫害と殺戮（ホロコースト）を進めていたナチス・ドイツは、同盟関係にあった日本に対しても、協力を要請してきます。日本が占領していた上海には、ユダヤ人がたくさんいたからです。

ところが、日本政府は断りました。

ナチスによるユダヤ人迫害が本格化した1938年、日本政府は五相会議（首相、外相、蔵相、陸相、海相）の決定として、ユダヤ人を排斥せず、ユダヤ資本を歓迎すると決定しました。シベリア鉄道でユダヤ難民が満州国に流れてくると、満州に駐屯する日本軍はこれを助けたのです。

ナチスがポーランドを占領すると、ユダヤ人たちが大量にリトアニアに流れてきて、「リトアニアからソ連（ロシア）経由で満州国へ、さらに日本経由でアメリカに逃げたい」と懇願しました。リトアニアの日本領事館に赴任していた日本の外交官・杉原千畝《ちうね》は、日本通過のビザを発行して、多くのユダヤ人を助けました。

　これらのエピソードの背景には「日露戦争のとき、ユダヤ人にお世話になった」という事実があるのです。

Q79 「東西冷戦」を起こしたユダヤ・マネーとは？

日露戦争で日本を助けたユダヤ系金融資本は、ロシア革命に対しても資金援助を行っています。

　第一次世界大戦でロシア軍が敗退を続けるなか、レーニン率いるボリシェヴィキ（共産党）が帝政ロシアを倒すために立ち上がったのがロシア革命です。**レーニン**は母方がユダヤ人でしたし、赤軍司令官**トロツキー**もユダヤ人でした。

　ユダヤ人にとってロシア帝国は、ユダヤ人を迫害してきた憎い相手です。ボリシェヴィキのメンバーの中には、多くのユダヤ人が参加していましたが、彼らに革命資金を提供したのが、国外のユダヤ資本だったことは間違いありません。

　こうしてロシア革命は成功しますが、ユダヤ人はまたもや苦難に見舞われます。共産党内部でユダヤ人がのさばりすぎているという反発が起きるのです。そんな中、レーニンが死去すると、スターリンとトロツキーの権力闘争が起きます。

共産党内部で**スターリン**が権力を握っていく過程で、反対派は秘密警察に逮捕され、ことごとく殺されました。いわゆる「大粛清」です。トロツキーとつながっているユダヤ勢力は共産党から一掃され、多くのユダヤ人が殺されます。スターリンはまた、ユダヤ資本で開発した鉄道や油田を次々に接収し、国有化していきました。

それを国外から見ていたユダヤ系の金融資本は、当然、怒りに震えます。

「スターリンめ、恩を仇で返したな！」と。

第二次大戦後、東西冷戦に突入しますが、アメリカとソ連の対立の根っこにも、ユダヤ人のロシアに対する怒りの感情があったと考えることができます。

冷戦時、アメリカは一貫してソ連に制裁を科すだけでなく、ソ連との軍事競争を煽りました。軍事競争は、とにかくお金がかかります。ユダヤ人の金融資本をバックにもつアメリカは豊富な資金力で、お金が続かなくなったソ連をねじ伏せる格好となったのです。

Q80 ロシアを非難するアメリカが、中国を非難しないのはなぜ？

長い東西冷戦を経てロシアの国内経済が疲弊してくると、当然、民衆の不満が高まり、結果的にソ連は崩壊に至りました。

ソ連崩壊後に、大統領の座に就いたのが、**エリツィン**です。彼は共産党を離党して野党をつくった人物で、ゴルバチョフ書記長のライバルでした。

そのエリツィンを応援したのがアメリカの金融資本でした。ボロボロに疲弊していたロシアの財政と経済を立て直すためにＩＭＦが緊急融資をするのですが、見返りとして、「外国資本を受け入れよ」と迫ります。特にターゲットとなったのは、石油や天然ガスなどの地下資源でした。

こうして外国資本とロシアの起業家たちが結託して国営企業を切り売りし、莫大な富を築いていきます。これが**「オルガルヒ」**と呼ばれるロシアの新興財閥です。新興財閥のほとんどは、見事なまでにユダヤ系でした。

経済の自由化によってロシアは経済発展を遂げますが、貧富の差が開き、民衆の不満が高まります。そんな中、エリツィン大統領が心臓病で倒れ、その後継者として登場したのがソ連時代の秘密警察（KGB）出身のプーチンです。

大統領に就任した**プーチン**は、まずユダヤ系の新興財閥を力ずくでねじり上げました。収賄罪や脱税などの罪で新興財閥のトップを逮捕し、全財産を没収したのです。かつてスターリンがやったように、石油や天然ガスの油田も再び国営化しました。

だから、ロシア人はプーチンに熱狂したのです。

「ユダヤ財閥からわれわれの国営財産を取り返してくれた」と。一方で、**アメリカの金融資本、ユダヤ系財閥はプーチンを敵視**するようになりました。

そうした歴史的背景を見ると、アメリカがプーチンの独裁を非難する一方で、中国の習近平に対しては甘い理由がわかります。

たしかに、プーチンは独裁化を強めています。では、習近平はどうでしょうか。中国には言論の自由はありません。ウイグル、チベットなど少数民族の弾圧もしています。共産党による一党独裁政権です。

それなのに、アメリカは、習近平を厳しく責めたてることはしません。

プーチンと違って中国共産党は外資を受け入れているからです。ゴールドマン・サックス社にたっぷり儲けさせてくれる。だから、アメリカは習近平を独裁者として叩くことを控え、軍備増強も、人権抑圧も「見て見ぬふり」をしてきたのです。

Q81 共和党とはどういう政党か?

アメリカの行動原理には5つの担い手があって、その力関係によって国家としての行動が変化する、という話をしてきました。もう一度、整理しておきましょう。

①軍需産業（武器メーカー）
②金融資本（大銀行）
③草の根保守（南部や中西部の中間層）
④福音派（南部）
⑤移民労働者（東海岸や西海岸）

これらの担い手が、アメリカの2大政党である「共和党」と「民主党」のどちらを支持するかによって、アメリカの外交戦略や政策は変わってくるのです。時の政権は、これらの集団を無視した政治はできない、ということになります。

大雑把に言えば、

共和党を支持しているのは、①軍需産業と③草の根保守、④福音派。

民主党を支持しているのは、②金融資本と⑤移民労働者、それにアフリカ系（黒人）です。

ピューリタン的理想主義は、共和党へ受け継がれると福音派（同性愛や妊娠中絶反対）、民主党へ受け継がれるとウィルソニズム（「自由と民主主義」の輸出）となります。「イラクの自由」を掲げてイラク戦争を起こしたブッシュJr.大統領は共和党ですが、若いときにアルコール中毒に苦しみ、福音派のグラハム師と出会って立ち直った経験があります。

「草の根保守」は政府を信用していませんから、福祉も年金もやめて減税してくれ、老後の面倒は自分で見るという立場です。

福祉というのは、国民からお金を集めて、それを再配分することで成り立ちます。しかし、その過程で政府の官僚たちがお金を自分のポケットに入れてしまうのではないかと「草の根保守」は疑うのです。

オバマ政権誕生の2009年以降、**「ティーパーティー」**という政治運動が起きま

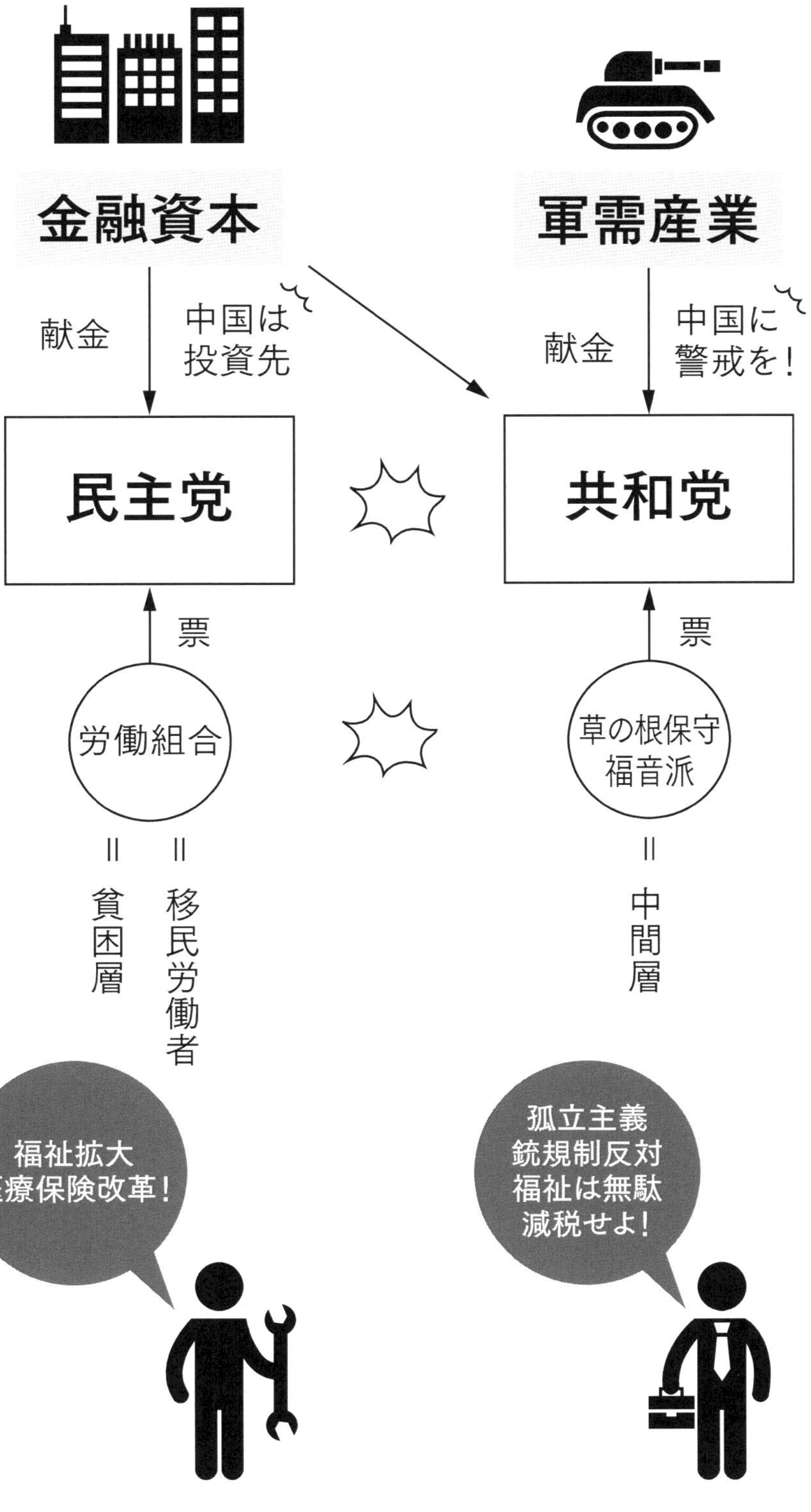
金融資本
軍需産業
献金
中国は投資先
献金
中国に警戒を！
民主党
共和党
票
票
労働組合
草の根保守
福音派
貧困層
移民労働者
中間層
福祉拡大
医療保険改革！
孤立主義
銃規制反対
福祉は無駄
減税せよ！

した。アメリカがイギリスの植民地だった時代、イギリス政府による貿易制限に抵抗し、独立戦争の契機となった**「ボストン茶会事件」**に由来します。

金融危機の中、オバマ政権が医療保険制度で政府の支出を増大させて、課税を増やす路線を打ち出したことに、反対・抗議するのがティーパーティー運動の目的でした。こうした運動の主体となっていたのがまさに「草の根保守」なのです。

共和党の支持基盤は分裂しています。

国防費で利益を得る軍需産業は常に戦争を望みます。逆に「草の根保守」は「国外のごたごたに介入するな」という立場です。

しかし「草の根保守」はただの平和主義ではありません。アメリカでは、一般人が銃を所持することが憲法で認められています。西部開拓時代からの伝統で、「武装して民兵となるのはアメリカ国民の権利である」と規定されているわけです。国家による命令があろうがなかろうが、「自分の身は自分で守る」という立場です。

ですから、アメリカの自由を脅かす「敵」に対しては、ためらうことなく銃をとります。冷戦中の「共産主義者」、9・11テロ以降の「イスラム過激派」は、明白な敵に見えました。だから彼らはイラク戦争に熱狂したのです。

Q82　なぜオバマは保険制度改革にこだわったのか？

民主党の強固な支持基盤は、⑤**移民労働者と黒人**です。

アメリカを建国したＷＡＳＰよりもあとにアメリカに渡ってきた移民たちです。比較的初期に渡ってきたイタリア系やドイツ系、アイルランド系、ロシアからの迫害を逃れてきたユダヤ系、アジアから来た中国系、韓国系、日系、インド系、スペイン語圏の中南米から入ってきたヒスパニック系など多岐にわたります。黒人（アフリカ系）と先住民が参政権を得たのは１９６４年の公民権法からです。

こうした移民労働者の特徴は、一部のユダヤ系を除いて低所得者層が多い点です。民主党のオバマが大統領選で掲げた医療保険制度改革、いわゆるオバマ・ケアの目的は、民主党の支持基盤である低所得者層を救済することでした。

日本は社会保険制度が完備されていますので、病院で保険証を出すと、医療費負担は３割で済みます。残りは国が負担するからです。その原資は、全国民が毎月支払う社会保険料です。しかし、国民皆保険が存在しないアメリカでは、医療費は全額実費で支払わなければなりません。

富裕層は民間の保険会社に毎月高い保険料を支払っていざというときに備えています。しかし貧困層は保険料を払う経済力がない。アメリカ人の6人に1人は、無保険状態になっていました。彼らが治療を受けるときには、実費で高額な医療費を負担しなければならないのです。

その結果、虫歯の治療ができなくて歯がボロボロになってしまう人や、盲腸の手術ができなくて亡くなってしまう人が少なくないのです。こういう現実を暴露したのが、マイケル・ムーア監督のドキュメンタリー映画『シッコ』です。

そこでオバマは、日本のように全国民を強制的に保険に入れさせようと**医療保険制度改革**を掲げました。いわゆる**オバマ・ケア**です。

当然、政府の財政負担が増えますし、健康なアメリカ国民も保険料の負担を強いられます。共和党を支持する「草の根保守」層は、「俺たちのお金を吸い上げて貧乏人にばらまくとは、けしからん」と猛反発し、儲けを失うことになる保険業界も抵抗しました。

議会で過半数を持たない民主党は、法案を通すために共和党の協力が不可欠です。

結局オバマは妥協し、全国民を民間の保険に強制加入させ、政府が保険料の一部を負担する、という形で法案を通しました。

Q83 ユダヤ票を無視できないのはなぜか？

移民労働者の中でも、政治的に大きな影響力をもっているのがユダヤ人です。ユダヤ人は、アメリカの人口の割合で3％にも達しません。ヒスパニック（20％弱）、中国系、韓国系、黒人（10％ちょっと）などに比べたら圧倒的に少ない。

しかし、その3％が、非常に政治意識が高いのです。必ず投票に行くのはもちろんのこと、政治献金をはじめとして、さまざまな政治運動を積極的に行います。イスラエルに好意的な候補を徹底的に応援するのです。逆に反イスラエル、反ユダヤの立場をとる候補に対しては、容赦ないバッシングをあびせます。電話やファクス、メール、インターネットなどあらゆる手段を尽くして落選運動をします。

だから、本来ユダヤ票とは関係のないはずの共和党議員も「ユダヤ人は敵に回したくない」というのが本音です。イスラエルのネタニヤフ首相が訪米し、アメリカの議会で演説をすると、全議員が総立ちで拍手（スタンディング・オベーション）をする光景も、アメリカの選挙に与えるユダヤ人の影響力を物語っています。

なお、ユダヤ人は基本的に民主党寄りですが、共和党を支持する人もいます。民主党は共和党と比べて外交に消極的で、国内の福祉などに力を入れる傾向があるので、「民主党の中東政策は、なまぬるい」と反発するグループがあるのです。このグループのことを**ネオコン（新保守主義）**といいます。

冷戦期にソ連に対して弱腰だった民主党政権から、共和党のレーガン政権に乗り換えて、ソ連を叩きつぶすことを支持したのもネオコンです。冷戦終結後、彼らはブッシュJr.政権の閣僚としてイラク戦争を強力に支持しました。ウォルフォヴィッツ国防副長官がその代表です。イラク戦争が泥沼化すると、本来の共和党支持者である「草の根保守」の反発を受けて、ネオコンの勢いは急速にしぼみました。

Q84 アメリカとイスラエルの関係はなぜ悪化したのか？

選挙の行方を左右するユダヤ人は、民主党にとって心強い味方でしたが、近年は風向きが変わってきています。オバマ政権の成立により、アメリカとイスラエルの関係が冷え込んでいるのです。

オバマの母親は白人ですが、父親はアメリカに留学していたケニア人で、イスラム教徒です。母がインドネシア人と再婚したため、オバマ自身も少年時代をインドネシアで過ごし、現地のイスラム教徒と同じ小学校に通いました。

だからオバマは、民主党大統領としては初めて、アラブ側にシンパシー（共感）をもっているのです。そのようなバックグラウンドをもっているオバマですから、イスラエルに対しては、冷たく、厳しい姿勢で臨んでいます。

アメリカとイスラエルの関係が悪くなっている理由が、もうひとつあります。

オバマ政権がＩＳ（イスラム国）を抑え込むために、イランと手を組みたいと考えていることです（Ｑ51参照）。

イランは核武装を進めているイスラム国家で、イスラエルにとって最大の脅威です。イスラエル軍はイランの核施設を空爆する計画をもっていますが、オバマはイランの核武装については大目に見ようとしている。ますますイスラエルはアメリカに対して不信感を抱くことになります。アメリカは、中東における最も親密な同盟国を失いつつあるのです。

Q85 もしヒスパニックのアメリカ大統領が生まれたら？

民主党の支持層の中で、急速に存在感を増している存在が、南米からの移民です。スペイン語を話す人々という意味で、**「ヒスパニック」**といいます。近年、彼らが合法、非合法を含めて次から次へとアメリカに流れ込んでいます。

特にメキシコはアメリカとの国境線が長いので、密入国して勝手にカリフォルニアやテキサスに住み着いている不法移民も多くいます。メキシコ人からすれば、カリフォルニアはもともと自分たちの土地だったわけですから、「何も悪いことはしていない」という感覚のようです。

こうした現状を受けてオバマ政権が進めているのは、アメリカに住み着いて何年も経っている不法移民は、アメリカ国民として登録するという政策です。

移民受け入れで福祉予算が増えますから、「草の根保守」から猛反発を食らうことになりますが、ヒスパニックの貧困層をアメリカ国民として受け入れれば民主党の基盤勢力にもなりますから、民主党政権はこの新しい移民法を積極的に推し進めるでしょう。

オバマと民主党にとってネックなのは、ヒスパニックは人口が多いけれど、あまり政治意識が高くない点です。ユダヤ系や中国・韓国系のように積極的な政治活動をしないので、投票率も高くありません。今後、人口の増え続けるヒスパニックが政治に目覚めたら、アメリカは大きな変革期を迎えることになるでしょう。

一方で、ヒスパニック系アメリカ人の中には、政権を目指そうという人もあらわれています。

たとえば、共和党の大統領候補、ジェブ・ブッシュ元フロリダ州知事。ブッシュJr.前大統領の実弟で草の根保守ですが、妻がメキシコ人で、ジェブ・ブッシュ本人もスペイン語を話せます。また、ヒスパニック系のマルコ・ルビーノという若手の上院議員も、共和党の将来の大統領候補といわれています。

将来、ヒスパニック系大統領が当選したら、彼らの母国である中南米諸国との関係が劇的によくなると考えられます。

中南米の国々は、長らくアメリカから従属国扱いをされてきた苦い歴史があるので、反米意識が非常に強い。カストロのキューバ革命も、アメリカ資本からの脱却が目的でした。

中国はそこにつけ込んで、中南米に大規模な投資をしています。ベネズエラやボリビアなど一部の反米政権は中国になびいている状態で、中国資本でニカラグア運河をつくるという話も持ち上がっているくらいです。これは、アメリカがつくったパナマ運河に対抗しようという意図です。

アメリカが中南米諸国と関係改善すれば、中国の中南米進出にくさびを打ち込むことになるでしょう。オバマ政権が**キューバと国交を回復**したのは、その始まりです。

Q86 アメリカはなぜTPPに消極的になったのか？

日本の農業に深刻な影響を与えるとして議論になっている**TPP（環太平洋戦略的経済連携協定）**についても、アメリカは一枚岩ではありません。

政党間、そして利益集団の綱引きによって、戦略が揺れています。

ＴＰＰは、もともとシンガポール、ニュージーランド、チリ、ブルネイの４つの小国によって始まった自由貿易協定です。

環太平洋の自由貿易協定については、ＡＰＥＣ（アジア太平洋経済協力）という枠組みもありますが、ＡＰＥＣは参加国が多すぎて実質交渉がなかなか進まない。年に一度の首脳会議は、「お祭り」みたいなものです。そこで、数カ国で関税を撤廃する目的で生まれたのが、そもそものＴＰＰでした。

そこへ途中から割り込んできたのが、大国アメリカです。

当初のＴＰＰ参加国は、マーケットが小さい国ばかりだったので、アメリカ市場が関税を撤廃し、オープンになることは大歓迎されました。しかしアメリカにとってはほとんどメリットがありません。そこで環太平洋地域で市場規模ナンバー２の日本にもＴＰＰへの参加を求めてきました。

ＴＰＰへの参加は、日本が国内産業保護のために課してきた貿易制限を撤廃することを意味します。アメリカは、農業だけでなく、保険や医療などさまざまな分野についても「規制を撤廃してアメリカ企業の参入を認めろ」と要求しているのです。

たとえば、日本の保険市場は国民皆保険制度があるので、アメリカの保険会社は新規参入できません。そこで「不公平だから規制を撤廃しろ」というわけです。社会保険制度は日本のほうがはるかに進んでいるのに、「閉鎖的な遅れた制度だ」というわけです。また、「日本には公共事業にも規制がある。不公正だ。市場開放しろ」というのです。

アメリカでTPPを推進している団体はだいたい想像がつきますよね。

アメリカの農業団体であり、保険会社であり、建設会社です。

オバマも「日本市場の自由化によって、対日輸出と投資が増えれば、アメリカには200万人の新しい雇用が生まれる」と積極的に推進してきました。

ところが、安倍政権がTPP交渉への参加を表明すると、逆にアメリカはTPP交渉に消極的になり始めました。

アメリカ国内にも、TPPの反対勢力が存在するからです。

民主党の支持基盤である「労働組合」です。

特に自動車分野では、アメリカは日本には勝てません。これまで、アメリカは乗用車に2・5%、トラックに25%の高い関税をかけてきましたが、TPPが成立すれば、関税が撤廃されて日本車が安くなるので、アメリカの自動車メーカーが打撃を受け、労働者が賃金引き下げや解雇などの実害を受ける恐れがあります。

自民党の強力な支持母体であるＪＡ（農協）が「コメ農家を守れ！」とＴＰＰに猛反発しているように、アメリカ民主党の支持母体のひとつである全米自動車労連が「自動車産業を守れ！」と抵抗している。オバマ政権はこれに引きずられて、自動車関税は残してほしいと言い出す始末です。

日本には「関税をゼロにしろ」と要求する一方で、アメリカは「関税を維持する」というのは虫のよすぎる話ですが、これもまた、いくつもの圧力団体の綱引きで、アメリカの政策が決定されることを物語っています。

Q87　中国がＴＰＰに参加しないのはなぜか？

では、中国はＴＰＰをどのように見ているのでしょう。

基本的に中国政府は、ＴＰＰを「日米による中国包囲網ではないか」と警戒しているようです。ＴＰＰはあくまで自由貿易協定であって軍事同盟ではないのに、中国は何を恐れているのでしょうか？

まず、アメリカで大量生産された農産物が流入して中国農業は打撃を受けるでしょう。しかし中国農業は農薬や化学肥料の過剰投入により、すでに瀕死の状態にあります。高価な日本産のコメが中国のスーパーでどんどん売れているのは、消費者が自国の農産物を信用していないからです。中国にJA（農協）のような圧力団体はなく（そもそも共産党の一党独裁です）、政府の決定に国民が抗議する言論の自由もありません。

もしTPPに参加すれば、関税やサービスの自由化だけでなく、著作権などの知的財産権についても、国際的なルールの下で管理されることが求められます。

ご存じの通り、中国はコピー製品だらけなので、すべて著作権侵害となって訴えられてしまいます。現実的にTPPに参加できるわけがないのです。

習近平政権はTPPに対抗して、**「アジア太平洋自由貿易圏（FTAAP）」**の推進に積極的です。これは、日米も含めたAPEC21カ国が、自由貿易協定を結ぶというもので、「中国も参加できる緩いTPP」のようなもの。知的財産権をどうするかといった具体的な中身はこれから協議しますが、「経済的な対中包囲網の無力化」という効果はあるでしょう。金融ではＡＩＩＢ、貿易ではＦＴＡＡＰで、アジア経済の主導権を握ろうというのが中国の狙いです。

Q88 中国はアメリカをどう見ているのか？

中国はアメリカを敵と見ていません。冷戦期を除いて、一度も中国に侵略をしてこなかった唯一の大国という位置づけです。反対に、長い国境を接するロシア、植民地支配をしようとしたヨーロッパの列強と日本については、潜在的に「敵」だと見なしています。

そもそも第二次大戦のとき、中国共産党を最も積極的に支援したのはアメリカです。当時、アメリカ人ジャーナリストのエドガー・スノーが共産党の本拠地・延安まで行って、共産党の指導者・毛沢東のことを絶賛する記事まで書いているくらいです。

ところが、東西冷戦期に突入すると、中国とアメリカは対立関係に陥ります。毛沢東が社会主義計画経済を採用し、全企業を国営化したのが原因です。上海の浙江《せっこう》財閥も例外ではなく、彼らに多額の資金を投資していた欧米の金融資本は、莫大な損失を被ったのです。

アメリカは反発し、共産党のライバルであり浙江財閥と一心同体だった中国国民党の蔣介石《しょうかいせき》政権を支援して、毛沢東政権を締め上げにかかります。

ところが、腐敗し切った国民党政権は台湾に逃げてしまい、いくらアメリカが支援しても、蔣介石は「北京まで攻め込む」と威勢のいいことを言うだけで、実際には、本土の共産党を攻めることはありませんでした。

結果的にアメリカは台湾（国民党政権）を見捨てるのです。

1950年代の朝鮮戦争も、1965年に米軍が直接介入したベトナム戦争も、共通の目的は中国の封じ込めでした。しかし朝鮮戦争は引き分けに終わり、ベトナム戦争もアメリカは大苦戦を強いられ、国内ではベトナム反戦運動が起こります。

「倒せない相手は、丸め込むしかない」

結局、**中国封じ込めに失敗**したアメリカは大きな方針転換を図ります。

アメリカのニクソン大統領は、1972年、電撃的に北京の毛沢東のもとに飛び、関係改善を果たしたのです。この**ニクソン訪中**を機に米中は蜜月の関係に戻っていきます。

１９７８年には、毛沢東の後継者である鄧小平《とうしょうへい》が計画経済の失敗を認め、「これからは、市場経済に移行する」と明言、アメリカなど海外からの投資を積極的に受けるように政策を大転換しました。これを**「改革開放」**政策といいます。

Q89　米中を和解させたキッシンジャー外交とは？

米中関係を劇的に改善させたニクソン訪中。これを決断したニクソンは、共和党の大統領でした。

そこで、ひとつ疑問が生まれますね。

軍需産業から資金提供を受けている共和党は、本来、中国との緊張関係を煽って、軍事予算を拡大したい。ということは、中国に対して厳しい姿勢で臨むのが筋のはずです。

実は、ニクソン訪中を画策したのはニクソン大統領のブレーン（大統領補佐官）である**ヘンリー・キッシンジャー**でした。キッシンジャーはドイツ生まれのユダヤ人で、ニクソン大統領から厚く信頼されていました。

キッシンジャー補佐官の専門は国際政治学で、大学の卒業論文のテーマは、ナポレオン戦争のあとに行われた「ウィーン会議」。

ヨーロッパを席巻したナポレオン帝国が崩壊したあと、ヨーロッパ各国が戦後の秩序を話し合ったのがウィーン会議です。議長のメッテルニヒが考えたことは、5つの列強がバランスをとりながら、ヨーロッパの平和を維持するということ。これを**勢力均衡（バランス・オブ・パワー）**といいます。ナポレオン帝国という**一極支配から、多極支配へ**と移ったのです。

キッシンジャーは、こう考えました。

「今のアメリカは、かつてのナポレオン帝国に似ている。世界中に軍隊を派遣したけれども、ベトナム戦争以来うまくいっていない。もうアメリカによる一極支配は限界で、ウィーン体制のような多極支配に転換し、ソ連や中国との戦争を回避するしかない」

キッシンジャーは、各地域の列強の勢力圏を認めて、勢力均衡を図るのが得策ではないかと考えたのです。

つまり、東アジアなら中国、ヨーロッパならEC、南米ならブラジルというように各地の軸となる国を決めて、地域覇権を認める戦略です。こうしたキッシンジャーの戦略が形となったのが、ニクソン訪中に始まる米中和解だったのです。

現在でも、キッシンジャーは絶大な影響力をもっていて、国務省（外務省）内部には、彼の弟子といえる官僚が多数います。もちろん、彼らは基本的に親中派で、アメリカの外交戦略にも影響を与えています。

ということは、**国務省の外務官僚と民主党、そして中国に積極的に投資をしている金融資本は利害が一致**してくるのです。この場合、日本の立ち位置が微妙になってきます。日米安保条約を結んだ同盟国として、中国の脅威に対する「防波堤」だった日本。米中和解が進めば、日米安保の空文化が進んでいきます。

中国が、尖閣諸島の領有権を主張し始めるのは、1970年代の初頭からです。国連の調査で海底油田の存在が明らかになったうえ、ニクソン訪中で日米間にくさびを打ち込める、と判断したからです。

Q90　日本の親中派はどのように生まれたのか？

日中関係は尖閣問題、歴史認識問題などを抱え、緊張状態が続いています。しかし、かつては日中友好の時代が長く続きました。

1972年、自由民主党の**田中角栄首相**は、大変なショックを受けます。

ニクソン大統領による中国の電撃訪問です。自民党の基本政策は「親米」です。東西冷戦でソ連・中国と対立するアメリカに追随し、ずっとアメリカの顔色をうかがってきたわけです。にもかかわらず、アメリカは日本に事前の相談もなく、ニクソン訪中を断行した。これこそ元祖「ジャパン・パッシング」ですね。

田中角栄は激怒します。

「なぜ、アメリカは日本のことを無視するのだ！」と。

そこで、田中角栄はニクソンのあとを追うように北京を訪問して毛沢東と握手し、アメリカよりも先に中国と国交を結んだのです。すると今度はアメリカが「なぜ勝手なことをするのだ」と怒るわけですが……。

いずれにしても、日中国交回復をきっかけに、日本による中国への投資が盛んになりました。

日本経済は高度経済成長の時代でした。しかし田中角栄の出身地である新潟県は、当時「裏日本」と呼ばれて開発が遅れていました。そこで田中は、高速道路や新幹線を日本全国に張りめぐらし、強制的に開発の遅れていた地方に、資本を移すという「日本列島改造論」をぶち上げます。公共事業で建設会社が儲かり、儲けの一部が政治献金として田中角栄と取り巻きのポケットに入るという構図ができあがります。金権政治の始まりです。

田中角栄は、こうして巨額の政治資金を蓄えると、今度は自民党の議員たちに選挙資金としてばらまきます。多くの自民党議員が田中角栄に買収されていきました。この結果、生まれたのが自民党の最大派閥である「田中派」です。

ロッキード事件（アメリカのロッキード社からの収賄事件。田中に対するアメリカの謀略説もあり）で刑事被告人となったあとも、田中は自民党最高実力者として歴代首相を操り、**「目白《めじろ》の闇将軍」**と呼ばれました。田中角栄が脳梗塞で倒れたあと、その金庫を引き継いだのが竹下登、竹下のあとを継ごうとしたのが、小沢一郎です。

田中、竹下、小沢は、日本国内でやってきた手法を中国にももち込みました。日本国民が支払った税金を、ＯＤＡ（政府開発援助）という形で中国に投資したのです。

日本列島の開発が一段落したあとは、中国の公共事業を日本のゼネコンに受注させて、儲けの一部をまた自分たちのポケットに入れるというのが狙いです。

ですから当然、田中派、竹下派、小沢氏の面々は日中友好を推進する立場でした。小沢一郎が何度も北京を訪問していたのも、それが理由です。

1989年の天安門事件で、中国は西側諸国から経済制裁を受けましたが、真っ先に制裁を解除したのは日本でした。日中友好派の圧力が働いたことは、容易に想像がつきます。当時は宮澤内閣、最高実力者は**竹下登**です。

このあと、竹下と対立した**小沢一郎**が自民党を離党し、今の民主党につながる流れをつくります。自民党は竹下派、野党第一党は小沢派（どちらも親中派）という、中国にとってはおいしい状況が、小泉政権の成立まで続きます。

鄧小平が始めた改革開放によって中国は急激な経済成長を遂げますが、これを支えたのは、**総額6兆円に及ぶ日本からのODA（政府開発援助）**を中心とする海外からの莫大な投資でした。上海の高層ビル群を建てたのも、アメリカ資本と日本の資本。本来、日本は感謝されて当然ですが、中国側の言い分は、「日本のゼネコンも政治家も儲かったのだからお互いさまだ」となるのです。

Q91　中国の反日感情の「正体」とは？

中国は改革開放政策によって市場経済に移行し、経済発展を遂げました。ところが、問題が生じます。富の格差と汚職の問題が深刻化したのです。これは、世界中で起きている共通の図式です。「経済自由化」は経済発展を促しますが、富の不均衡を生み、不満が各地で爆発します。中東では人々の不満がイスラム原理主義の台頭につながり、ロシアではプーチン支持の原動力となりました。

しかし、中国では共産党政権が「経済自由化」の先頭に立って、懐を肥やしているので、民衆には不満の捌《は》け口がありません。言論の自由もありません。天安門事件では学生の反腐敗・民主化運動を戦車で圧殺したように、各地で暴動が起こっても、すべて政権によって鎮圧されてしまいます。

そもそも中国の人民には土地の所有権が認められていません。土地は国有であり、住民は「使用権」をもっているだけです。

たとえば、外国資本で都市の再開発をするとき、政府はその土地に長く住んでいる人民を立ち退かさなければなりません。私的所有権が確立している日本では補償問題で大変なことになるでしょう。

しかし中国ではすべて国有地なので、政府が「出て行け」と言えば、人民は従うしかないのです。雀の涙ほどの補償金は出ますが、先祖伝来の家を壊される人民は反発したくなるのも当然です。それが原因で今も全国各地で暴動が発生しています。

社会主義を採用した毛沢東の時代は、個人が儲けることを禁じ、平等な社会を実現しました。みんな貧乏だったら、恨み・つらみという感情も起きようがありません。

ところが鄧小平が経済を自由化すると、富の格差が生まれます。

「貧富の差をなくす」「最低限の生活を保障する」という共産党の宣伝が全部嘘になってしまったのです。

おまけに共産党の幹部は、外国資本から賄賂をもらって私腹を肥やすことに夢中。政府が所有していた企業を民営化する際に、共産党の幹部に安価で払い下げてしまうことも頻発しました。**共産党の権力が富を生むシステム**をつくったのです。

ロシアの場合、エリツィン時代の経済自由化で急成長した新興財閥を、プーチンが強権でつぶしました。ところが中国の場合は、強権を握る共産党の幹部が新興財閥になってしまった。共産党は、自分たちの利権を守るために、人民の怒りの声を聞くことができないのです。

人民の怒りを治めるためには、「捌け口」が必要になります。そこで共産党政権が考えついたのは、怒りの矛先を外に向けること。

日本は、まんまと標的になってしまったのです。１９９０年代の江沢民政権の時代に、**反日教育**が本格的に始まって大成功します。

アヘン戦争以降の列強による侵略の歴史、とりわけ日本軍の残虐行為を延々と教え、最後に民族の解放者として共産党が登場する、というストーリーです。中華人民共和国成立以後の歴史は美しく描き、天安門事件については一言も触れません。

この反日教育を受けた世代は２０１５年現在、30代半ばから下の年代です。

彼らは、かつて日本から多額の援助を受けたことは一切教えられていません。むしろ「日本は過去の侵略戦争を反省していない」「日本は賠償金を支払うべきだ」「尖閣諸島は日本が奪った」といった政府の喧伝を本気で信じているのです。

日本の政治家が靖国神社に参拝すると、中国は必ずバッシングしますが、毛沢東も鄧小平も、靖国参拝を問題視したことは一度もありません。毛沢東に至っては、日本社会党の訪中団を迎えたとき、「日本軍が国民党と戦ってくれたことを感謝します」とまで発言しているのです。中国政府が「靖国参拝はけしからん」と騒ぎ出したのは、江沢民による反日教育が行われるようになってからです。

これが反日感情の正体なのです。

Q92 小泉政権時代、日中関係が急速に悪化したわけは？

それでもまだ多くの日本人は「日中友好」を信じていましたし、対中投資も続いていました。1990年代後半、中国の反日感情が高まってくると、日本国内にも「あれ、おかしいぞ」という雰囲気が生まれてきます。これまで日本は中国に多額の援助をしてきたのに、まったく感謝されていない、と。

同時に、自民党を牛耳ってきた「日中友好」派の竹下派、竹下と袂《たもと》を分かって野党に転じた小沢グループによる金権腐敗体質に対しても批判の声が高まります。

そんな中、彗星のごとくあらわれたのが**小泉純一郎**です。

小泉純一郎は、自民党の中では少数派の「清和会」に属します。岸信介（安倍晋三の祖父）、福田赳夫、安倍晋太郎（晋三の父）と続いた親米、親台湾派（よって反中国派）の系譜です。憲法改正や防衛力強化を掲げるので、自民党内の「タカ派」ともいわれます。小泉は、田中派とまったく縁がなかったので、金もなかった。だから、何度総裁選に立候補しても総裁の座を奪うことはできません。

ところが、田中派の金権腐敗を叩き始めた世論を味方にした小泉は、得意の弁舌で**「古い自民党をぶっ壊す」**とぶちあげた。古い自民党というのは、もちろん田中派です。田中派の流れをくむ古い自民党の政治家たちは、税金を無駄に使っていました。その象徴が**「郵政」**だったのです。

郵政民営化を公約した小泉が政権を取った結果、日中関係が悪化したのは当然でしょう。中国共産党が自民党内に築き上げた人脈が、ずたずたにされたからです。

小泉と、その後継者である安倍晋三（第2次・第3次）が長期政権を維持したのは、中国に対する日本国民の感情の変化を反映していると思います。

ただ、先ほど述べたように日中関係の悪化は、中国共産党政権にもメリットがあります。日本をスケープゴート（いけにえ）として中国人民の不満の矛先をそらすことができるからです。すでに経済発展も遂げているので、昔のように日本マネーが絶対に必要というわけでもありません。

ところでアメリカは、日中関係の悪化をどうとらえているのでしょうか。アメリカは日中の連携を望みません。むしろ日中が割れたほうが東アジアを治めやすくなるので、歓迎の立場です。日本はアメリカを頼ってアメリカ製武器を買ってくれるし、中国もアメリカを頼ってアメリカからの投資を歓迎してくれる。このような東アジアの「分割統治」ができることは、アメリカの利益になるのです。

逆に、日中が手を組んでしまうと、アメリカの影響力がそがれるので困ります。だから田中角栄が勝手に日中国交回復をしたとき、ニクソン大統領は怒ったのです。小泉政権とブッシュJr.政権の関係が絶好調だったのも、小泉政権が反中の姿勢をとっていたのがひとつの要因です。もうひとつの理由は郵政民営化など、アメリカが要求してきた「経済の自由化」に小泉が熱心だったからです。

Q93 安倍政権で、日米関係はどう変わったか？

小泉政権の後継者として、政権を任されたのが安倍晋三です。

小泉は、何はともあれ「親米」というスタンスで、反中世論が高まる国内の人気取りのために、中国がいやがる靖国参拝にも積極的でした。

安倍晋三が小泉純一郎と決定的に違うのは、ナショナリズム（愛国心）が第一というポリシーです。第1次安倍政権では、この本音を出しすぎました。中国だけでなく、アメリカからも「アベは好戦的なナショナリストだ」と、危険視されてしまったのです。その結果、自民党の親中派の引き下ろしにあうとともにマスコミから袋叩きにされ、体調も崩して退陣に追い込まれました。

したがって、第2次安倍政権では、本音をあまり出さないよう慎重になっています。靖国参拝も控えていますし、TPPに参加を表明するなど、小泉的な親米路線、経済自由化路線を明確にしています。

それでも民主党のオバマ政権は、日本よりも中国を重視する姿勢をとってきました。この間、オバマの弱気を見透かした中国は**南シナ海の軍事化**を一気に進めているため、アメリカ国内でも対中感情が変化しつつあります。2015年、安倍首相が米国議会で演説すると、総立ちの拍手（スタンディング・オベーション）で何度も演説が中断されるほどの歓迎を受けたのです。一方、習近平国家主席の米国議会での演説は拒否されました。南シナ海に中国が建設中の人工島をアメリカは認めず、アメリカ海軍の艦艇を中国の主張する「領海」内に派遣するなど、米中関係の雲行きは怪しくなってきました。今後、アメリカに対中強硬派政権が生まれれば、日米関係はガラッと変わるでしょう。

Q94 中国と韓国の反日運動の違いは？

昨今、激しさを増す韓国の反日感情は、中国とは少し事情が異なります。

韓国は独立以来、反日教育を続けてきた「筋金入り」ですが、冷戦中は日本からの支援なしにやっていけないことは明らかだったので、政府レベルでは「日韓友好」を唱えていました。1952年以来竹島占拠は続けていましたが、大統領が上陸して、日本を挑発するようなまねはしなかったのです。

冷戦が終わり、日本経済は「失われた20年」に突入しました。

日本に代わって台頭したのが中国です。2000年代以降、韓国の政界ではかつての親米派が親中派へと大転換しました。李明博《イミョンバク》大統領、朴槿恵《パククネ》大統領も、完全に親中派です。

その根っこには経済的な理由があります。韓国の最大の輸出国は中国で、約3割を占めます。アメリカが十数パーセントですから、韓国は中国経済なしにはやっていけないのです。

一方で、韓国は機を見るに敏な国ですから、アメリカの勢いが衰退していることも肌で感じとっています。

歴史的に見ても、韓国は必ず強い国につく。地政学的にも周囲を大国に囲まれた小さな国ですから、そうしないと生き残れないのです。かつては中華帝国に朝貢して生き延びてきましたし、近代になるとロシアや日本と友好を結び、戦後はアメリカやソ連の支援を受けてきました。国内では、どの大国と手を組むかで常に派閥抗争が続いてきたのです。南北朝鮮の対立も、ソ連・中国と組んだ北朝鮮と、アメリカと組んだ韓国とのいわば「身内の争い」です。

韓国は、近い将来について、こう考えています。

「アメリカも日本も弱体化している。今後、東アジアの覇権を握るのは中国だろう」

そう考えると、朴政権が日本に対して冷たい態度をとる理由が見えてきます。日本と仲良くしていないことを、あえて中国に見せているのです。

「こんなに頑張って反日運動をやっています。韓国は中国についていきます」と、アピールしているのです。したがって同じ反日運動でも、「国内の不満そらし」の中国と、「中国向け反日ポーズ」の韓国では、性格が異なるのです。

ところが安倍晋三が再登板して、アベノミクスで日本経済が回復しつつある一方、中国経済が過剰投資で危うくなってきました。だから今、朴槿恵《パククネ》政権は慌てています。「こんなはずじゃなかった」と。韓国は今後、再び日本にすり寄ってくるでしょう。

Q95 中国が尖閣諸島にこだわるのはなぜか？

近年、日本と中国は尖閣諸島問題をめぐって、激しい対立を続けてきました。中国が尖閣諸島に執拗にこだわる理由には何があるのでしょうか。

ひとつは、資源です。

尖閣諸島のある東シナ海の海底には、石油や天然ガスが眠っています。国連の調査によると、イラクと同じくらいの埋蔵量だとされています。それを目当てに、すでに中国は日本の反対を押し切って、東シナ海で開発を始めています。つまり、経済的な面から、尖閣諸島を押さえておきたいというのが理由のひとつです。

もうひとつは、軍事的な問題です。米軍が駐留する南西諸島（沖縄）は、中国の東海（東シナ海）艦隊の太平洋への進出を阻む障壁です。尖閣諸島を押さえれば、ここに風穴をあけることができます。

また、中国政府にとって最優先事項は台湾の併合です。尖閣諸島は台湾のすぐ北に位置します。したがって尖閣諸島を接収できれば、中国は北側から台湾を狙いやすくなります。このように、資源と軍事という両面が、中国が尖閣諸島にこだわる動機となっているのです。

Q96 中国が南シナ海進出を急ぐ本当の理由とは？

中国は、尖閣諸島だけでなく、ベトナムやフィリピンなどと南シナ海に浮かぶ島々の領有権をめぐって激しい攻防を繰り広げています。

中国は強引にサンゴ礁を埋め立て、空港など軍事拠点を建設し、実質的な支配を強めています。

中国が南シナ海へ進出する目的も、資源と軍事です。東シナ海と同様に、石油や天然ガスが豊富に眠っています。

また、南シナ海は水深が深いので、原子力潜水艦が海中深くに潜ると探知できません。中国海軍は海南島に原子力潜水艦の基地を建設しています。核ミサイルを積んだ原子力潜水艦を南シナ海の海中深くに潜らせておけば、万一、アメリカと核戦争になった場合、地上のミサイル基地を米軍に破壊されても、潜水艦発射弾道ミサイル（SLBM）で反撃できるというわけです。

中国の海洋進出には、実は壮大なプランがあります。鄧小平時代、中国海軍の司令官だった劉華清が立案したプランです。

この計画には、２つの段階があります。

第１段階は、沖縄とフィリピンを結ぶ線の西側、つまり東シナ海と南シナ海について完全に中国海軍が押さえる、というものです。**沖縄とフィリピンを結ぶラインを「第一列島線」**といいます。

かつて鄧小平が来日したとき、

「尖閣問題については、われわれの世代では解決できないので、将来の世代に任せるべきだ。それよりも今は投資で儲けましょう」

と発言し、日本側を安堵させました。実はその裏で、中国海軍は沖縄を支配下に置くプランを立てていたのです。

当初のプランでは、２０１０年までに第一列島線を押さえることを目標としています。そして、計画の第2段階は、２０２０年までに**小笠原諸島からグアム、サイパンまで**を押さえるというもので、これを**「第二列島線」**といいます。

ここで言う「押さえる」というのは、「この地域には外国の軍隊を入れない」ということです。

現況では、ハワイの真珠湾にアメリカ太平洋艦隊の司令部があって、グアム、サイパン、沖縄にもアメリカの海軍がいます。沖縄には米軍の海兵隊も駐留しています。つまり、これらのアメリカ軍に出て行ってもらおうというのが、中国の狙いです。

もちろん、中国はアメリカと本気でケンカをする気はないので、あくまで話し合いで決着を図ろうとしています。

「昔、キッシンジャーさんが、アジアは中国に任せると言ったではないですか。中国はアメリカと戦うつもりはないので、東アジアの安全については任せてください」

というのが中国の言い分です。

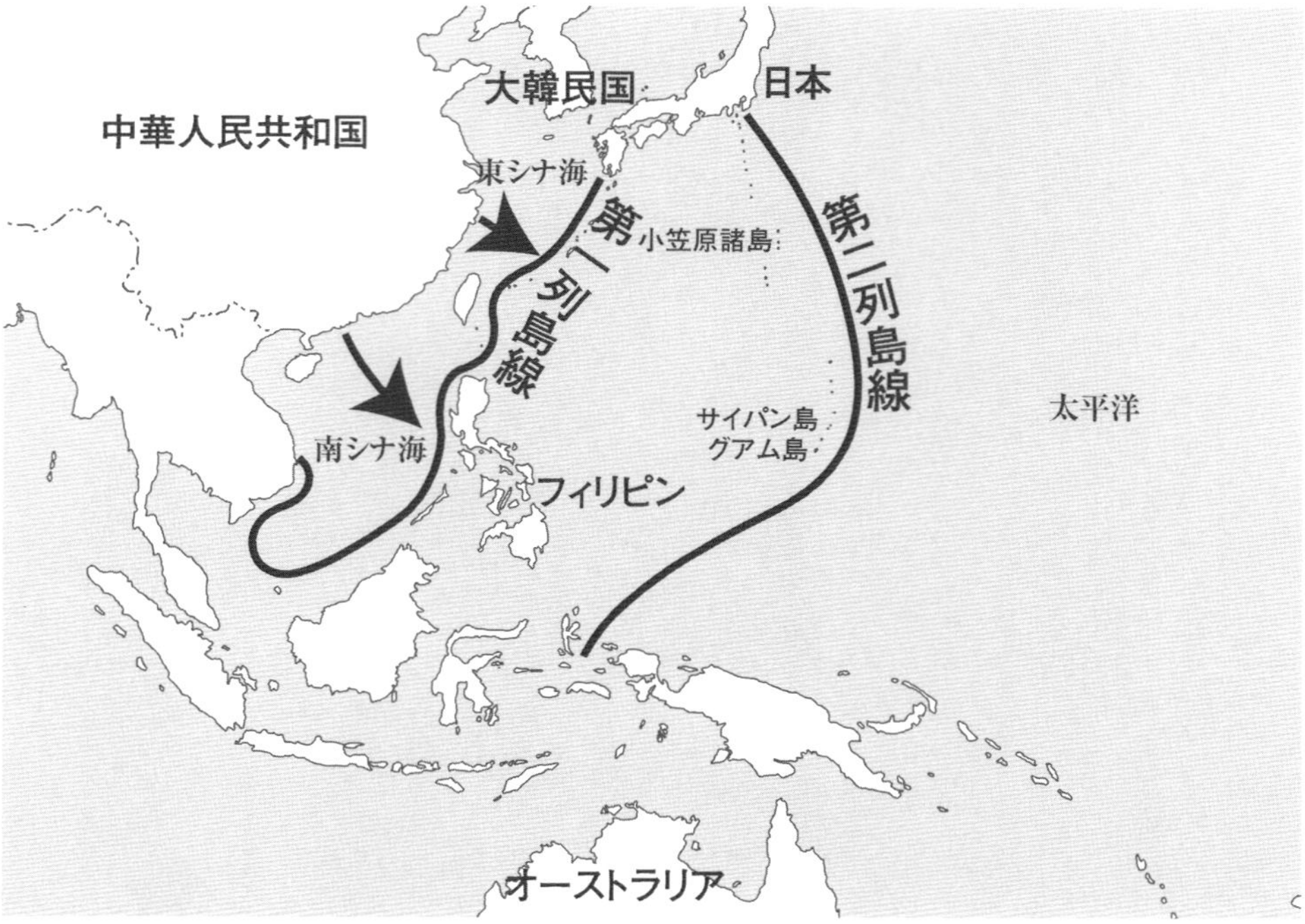

中国が進出する南シナ海

アメリカ太平洋艦隊のキーティング司令官が訪中したとき、中国海軍のトップが「太平洋を分割しませんか。グアム以東はアメリカ、西は中国で分担しましょう」と提案し、アメリカ側をギョッとさせています。

２０１４年、小笠原諸島周辺の日本の領海と排他的経済水域で、中国の漁船によってサンゴが大規模に密漁された問題が発生しました。漁船の一糸乱れぬ行動を見ると、漁民に偽装させた民兵を中国政府がリードしていたのは明らかです。

サンゴを密漁したのは事実ですが、これは陽動作戦の一種で、本当の目的は日本の海上保安庁の動きを観察していたのではないでしょうか。

つまり、小笠原を揺さぶると、尖閣諸島で警備している船のうち、どのくらいの数が小笠原に移動するかチェックしていたのでしょう。将来、中国との武力紛争が起こるとすれば、このような「海上民兵」の無人島上陸という形をとると思われます。日本の憲法や自衛隊法の隙をついて行動し、既成事実を積み上げていく。南シナ海で成功したやり方です。

Q97　沖縄の反基地デモと中国との関係は？

中国が太平洋の半分を「押さえる」には、アメリカ軍に撤退してもらう必要があります。もちろん、中国は直接手を下すことはできません。

では、どうするか。

中国は、「反米運動を煽る」という方法をとっています。

フィリピンにもかつて米軍基地がありました。しかし、マルコス親米独裁政権を倒して民主化を成し遂げたコラソン・アキノ大統領の時代、大規模な反米運動が起こって、「米軍基地は出て行け！」と市民が声を上げました。

当時は米中関係も良かったし、基地の近くのピナッボ火山が噴火し、滑走路が埋まってしまったこともあって、米軍はフィリピンから撤退することを決めました。フィリピン国民は喜びましたが、すぐに想定外の事態が起きました。フィリピンのすぐ西にある南沙諸島（スプラトリー諸島）に、中国の漁船と称する民兵が押し寄せてきて、あっという間に基地をつくってしまったのです。

中国は、米軍の撤退を待って進出してきたのです。

フィリピンは「しまった！」と米軍の呼び戻しに動いていますが、時すでに遅し。これが中国のやり方です。

フィリピンと同じことが今、沖縄で起きようとしています。

現在、アメリカ海兵隊の普天間基地の辺野古《へのこ》への移設にからめて、反基地運動が盛り上がっています。さらには最近、「沖縄の自己決定権」というものが公然と語られるようになりました。翁長《おなが》知事が国連の人権委員会に出席し、「沖縄の先住民が米軍と日本政府によって自己決定権を奪われている」と発言したのです。

たしかに沖縄はかつて「琉球王国」という独立国で、明朝や清朝に貢ぎ物を贈っていた歴史があります。だから、中国としては、沖縄を日本から切り離したい。沖縄の独立運動が盛り上がるのは、中国にとっては理想的な展開なのです。

もしも沖縄で住民投票が実施され、日本から独立を宣言するような事態になれば、米軍も自衛隊も出て行くことになるでしょう。その間隙をついて中国が沖縄に手を伸ばし、「琉球共和国」を承認して中国軍の駐留を認めさせればよいのです。

これって、どこかで聞いた話ですよね。

そう、住民投票を経てロシアに編入されたクリミアと同じです。ロシアがうまくやったのを見た中国は、しめしめと思ったはずです。

沖縄の反基地運動を純粋な平和運動と見てはいけません。バックに中国がいるという証拠はありませんが、中国政府はこの動きを喜んでいる、ということを理解しておかなければなりません。

Q98 日本の安保法制、海外からはどう見えたか？

加速する中国の南シナ海進出について警戒しているのが、アメリカの国防・軍事を統括する国防総省です。中国が力をもちすぎていることを懸念し、日本の防衛を後押ししてバランスをとろうというのが、国防総省の考え方です。

したがって、安倍政権が推し進めている集団的自衛権や憲法改正について、国防総省は大賛成です。フィリピン政府や台湾政府も賛成の立場です。

一方で、中国は当然反対の立場です。「集団的自衛権や憲法改正は、日本の軍国主義の復活だ。日本は過去の戦争をまったく反省していない」と批判しています。

しかも、中国は国内だけでなく、アメリカ国内でも批判キャンペーンを行っています。莫大な宣伝費を投じ、アメリカのメディアを通じて日本のネガティブキャンペーンをしているのです。『ニューヨーク・タイムズ』などの民主党系のメディアがこれに乗っかって、「アベは危険人物だ」という論調の記事を掲載しています。


現在のところ、中国に対する防波堤となっているのが日本と台湾、フィリピン、ベトナム、そしてオーストラリアといった国々です。

ただし、オーストラリアは微妙な立場にあります。

オーストラリアもアメリカ、イギリスと似た二大政党制です。ひとつは親米派の自由党、もうひとつは親中派の労働党です。

実は、オーストラリアには中国系の移民がたくさんいます。もともとオーストラリアは白人人口が少ないので、政治家は移民票の存在を無視できないのです。選挙をすれば、中国からの移民たちは、こぞって労働党の候補に投票します。労働党のラッド首相は北京語を話す親中派でした。次の保守党アボット首相は安倍首相の盟友ともいうべき存在で、日本から潜水艦を輸入したいと求めてきた。しかしいずれまたオーストラリアは労働党政権に戻るでしょうから、軍事情報をどこまで共有できるか、慎重な見極めが必要です。

Q99 中国が世界の覇権を握る日はくるか？

現在、世界で起きている大きな流れというのは、アメリカがゆっくりと衰退し、存在感が薄れていく一方、それに取って代わるように中国が強大化し、存在感を高めている、ということです。

アメリカの勢力が縮小していくことは間違いありませんが、果たして本当に中国がアメリカに取って代わり、世界の覇権を握るのでしょうか。

結論を言えば、「中国の思惑通りにはいかない」というのが私の考えです。

なぜなら、勢力を拡大する中国は、実は「張り子の虎」ではないかという疑惑があるからです。

たとえば、GDPや輸出額といった各国政府が発表している統計数字は、まっとうな民主国家であれば、二重、三重にチェックを受けますから信用できますが、中国の場合は共産党の独裁政権なので、第三者機関というものがありません。メディアもすべて国営、もしくは国の監視下にあるので、都合の悪い情報は流しません。

ということは、中国政府が発表している経済成長率などの経済指標が本当なのか、疑惑の目で見ざるを得ないのです。

中国は、長い間、年間8%の成長率を目標にし、それを達成し続けてきました。年間8%の成長をしていれば、貧困層にも富が行き渡って、暴動発生を抑止することができるからです。

となると、「年8%の経済成長」は絶対達成しなければならないノルマとなり、北京から全国の地方共産党の幹部に指令が飛びます。このノルマを達成できないと出世に関わるので、各地の地方幹部は必死になって実績をつくろうとします。

すると、どういうことが起きるか。

第三者がチェックしているわけではないので、実際は6％の成長でも、8％達成したと数字をごまかす地方幹部があらわれます。でたらめな数字が、全国から上がってきて「8％の成長率を実現」している可能性があるのです。これは、かつてのソ連でも起きたことです。モスクワのソ連共産党本部が把握している数字は、まったくのでたらめでした。

実際、こんな話が公になっています。

習近平政権のナンバー2である**李克強**《りこっきょう》首相が、旧満州の遼寧省のトップだったとき、中国駐在のアメリカ大使に驚くべき発言をしました。

「私は、わが国の政府が発表する数字は一切信用していません。私が信用しているのは、電力消費、鉄道貨物量、銀行融資額の3つです」

その発言に驚いたアメリカ大使は本国に打電したのですが、その内容がウィキリークスによって公開されたのです。アメリカでは、もともと中国の発表する数字は疑わしいとみる専門家がいたのですが、それが裏づけられる格好となりました。

李克強が首相になってからは、多少正直に数字を発表するようになって、2014年のGDP成長率は前年比7・3％と24年ぶりの低水準となりました。

しかしこの数字も「公式発表」ですから怪しく、鉄道貨物量などから考えると4％ほどではないか、いや貿易額から見れば、マイナス成長ではないか、とみる向きもあります。もしこれが本当なら、全国で暴動が発生するレベル。実際、年間20万件の暴動が発生しています。中国共産党幹部がさかんに海外へ資産を移し、子供たちを留学させているのは、自国の将来に不安を感じているからでしょう。

2015年には中国経済のけん引役だった上海で、株価の暴落が始まりました。無駄な公共投資でGDPを押し上げる政策は、もはや限界なのです。

そう考えると、17兆円（日本の3倍）といわれる中国の国防費についても、どこまで信用してよいかわかりません。「そんな国が中心となってAIIBのような国際金融機関を設立して大丈夫なのか」という不安の声が聞こえてくるのも当然のことでしょう。

このように中国はアメリカに取って代わる存在になるどころか、政権の存続すら危うい状態といえます。

歴史的に見れば、現在の中国の状況は、唐の末期と似ています。

唐という国は均田制（土地国有制）を採用していました。わかりやすくいうと、唐は社会主義の国で、計画経済を敷いていたのです。

しかし、結果的に均田制は失敗に終わります。唐の末期になると民営化し、土地の私用を認めました。その結果、大土地所有制が広まる一方、大量の失地農民が生まれました。ものすごい貧富の格差です。鄧小平以後の中国と同じですね。

唐の政府は財政破たんしていたので重税を課すのですが、当然のごとく農民の暴動が起こります。すると、治安を守るために軍が力をもつようになり、やがて軍人たちが各地に割拠して、藩鎮と呼ばれる軍閥政権をつくります。唐が滅んだあとの約50年間、中国は**「五代十国」と呼ばれる軍閥割拠の状態**が続くこととなったのです。

現在の中国も、これと同じ道をたどっているように見えます。

今の共産党政権が崩壊したあとのシナリオとして一番あり得るのは、軍閥が各地方で割拠する軍閥政権というイメージです。

アメリカの時代が終わったあと、中国の時代はやってきません。世界はますます多極化し、混沌としていくでしょう。世界の各地域で、覇権争いが激化します。日本がそのプレイヤーの一つになるのか、あるいは他のプレイヤーに従属して生き延びるのか。

未来を決めるのは私たちです。

おわりに

最後までお読みいただき、ありがとうございます。

では、最後の疑問です。

Q100 日本は中国とどう付き合うべきか？

日本は、中国に対して、どう向き合っていけばよいか。

最も大事なことは、中国の挑発には一切乗らず、必要以上に関わらないことです。

ただし、万一に備えて準備しておく必要はあります。

現在、上海には4万人の日本人が住んでいるといわれます。すでに日本企業の撤収は始まっていますが、尖閣問題などで日中間に万一の事態が起きたときは、なるべく早く現地の日本人を避難させなければなりません。そのような非常事態に備えておく必要はあるでしょう。

皮肉な言い方をすれば、今の日中関係は日本にとってチャンスです。中国との緊張関係が続いてくれたおかげで、日本人は自分の国のことを真面目に考え、日本を守るためにはどうしたらいいか、真剣に議論するようになりました。特定秘密法や、集団的自衛権の行使容認、自衛隊を動きやすくする安保法制など、中国の脅威なしには絶対に実現できないものでした。

そういう意味では、逆に日中友好のほうが怖い。心理的に武装解除されてしまうので、いざというときに対処できません。

アメリカがかつてほど頼れる存在でなくなっているのも、見方によっては日本にとってプラスです。

オバマの次の大統領が誰であれ、冷戦期のようなマッチョなアメリカがよみがえることはありません。日本は自国の安全のため、独自に動かざるを得なくなっています。これまで「金魚のフン」のようにアメリカに追随するだけだった日本政府が、主体的に外交を展開しようとしているのが安倍政権の特徴ですが、まともな主権国家なら当たり前のことなのです。

したがって、「現在の日中関係と日米関係は、日本人にとって理想的だ」というのが私の考えです。

「習近平さん、ありがとう！」

著者略歴

茂木 誠（もぎ・まこと）

東京都出身。駿台予備学校世界史科講師。首都圏各校で「東大世界史」「難関国立大世界史」等の国公立系の講座を主に担当。iPadを駆使した独自の視覚的授業が支持を集めている。
著書に世界史の参考書・問題集のほか、一般書として『経済は世界史から学べ！』（ダイヤモンド社）、『世界のしくみが見える世界史講義』（ヒカルランド）、『図解　世界史でわかる経済問題』（監修・宝島社）、『世界史で学べ！地政学』（祥伝社）、『世界史を動かした思想家たちの格闘』（大和書房）など多数。

・もぎせかブログ館
http://mogiseka.at.webry.info/
政治・経済・外交・軍事など時事問題中心のブログ

・もぎせか資料館
http://www.h2.dion.ne.jp/~mogiseka/
大学受験世界史の解説・講義（録音）・ノート・問題集

【大活字版】

ニュースの“なぜ？”は世界史《せかいし》に学《まな》べ
日本人《にほんじん》が知《し》らない100の疑問《ぎもん》

2018年 5 月15日　初版第1刷発行

著　者　茂木《もぎ》 誠《まこと》

発行者　小川 淳
発行所　SBクリエイティブ株式会社
〒106-0032　東京都港区六本木2-4-5
電話：03-5549-1201（営業部）

装　幀　長坂勇司（nagasaka design）
組　版　白石知美（システムタンク）
地図制作　斉藤義弘（周地社）
本文デザイン　荒井雅美（トモエキコウ）
編集協力　高橋一喜
編集担当　坂口惣一
印刷・製本　大日本印刷株式会社

落丁本、乱丁本は小社営業部にてお取り替えいたします。定価はカバーに記載されております。本書の内容に関するご質問等は、小社学芸書籍編集部まで必ず書面にてご連絡いただきますようお願いいたします。

本書は以下の書籍の同一内容、大活字版です
SB新書「ニュースの“なぜ？”は世界史に学べ」

ISBN 978-4-7973-9654-6